社員が輝くとき
お客さまの満足が
生まれる

久保華図八

経法ビジネス新書
005

はじめに ― 周りのみんなを幸せにする仕事のしかた

まず、この本の出版のお話をいただいた時、私のような者が執筆することは、おかしいのではないかと思いました。そもそも、私は失敗続きで歩んできましたし、順調な時は調子に乗ってムダに時を過ごし、また失敗したり不調な時は、その場しのぎのごまかしや対処に翻弄《ほんろう》され、そのことから学び改善することができない、そんな連続でした。ですから執筆の依頼をいただいた時に悩みました。私のような中途半端な者が書くべきではないのではと思っていたからです。

そんな折に何人かの友人から、「そんな君だからいいんじゃないか？」「失敗続きでも、学歴がなくても、どこにいて何をやっていようとも、やればできる！　もっと言うなら『誰にでも可能性はあるんだ』ということが伝えられれば、この本で勇気づけられたり元気になったり、心に光が差し込む人がいるのではないか」と助言いただき、執筆が現実となりました。

そう言われて私はこうも考えました。まぐれで与えていただいた機会、せっかく書かせていただくのなら、単なるハウツー本ではなく、自分の幼少期から修業時代、そして創業期から今に至るまでの実体験を中心に書こうと思いました。なぜなら「こうすればいい」ではなく、「なぜそこに至ったのか」、または「なぜそんな考え方になった」のかをお伝えすることが、読者のみなさまの心に触れることができるのではないかと考えたからです。

ですから、経営やマネジメント、リーダーシップだけをお伝えするというよりも、社会に出る前の青年にも、社会に出たばかりの新人の方にも、また、現場の矢面《やおもて》で頑張る人にも、また組織を束《たば》ねるリーダーの方にも経営幹部の方にも、もちろん経営者の人にも、ほんの一握りでも一筋でも、お役に立てたらと願い書きました。

間違えや不適切な内容があるかもしれませんが、この本はすべて実際にあったことであり、事実であることは間違いありません。「いかなる理論より、ただ1つの事実（現実）に勝るものなし」ともいいます。どうか、その点、ご容赦くださいますよう、心よりお願い申し上げます。

また、本編の中にたくさん登場する「出逢い」という人生の奇跡の贈り物が、人を導き、励まし、立ち上がらせる、ということも重ねて強くお伝えしたいことです。自分1人の力などたいしたことはないのですが、一瞬早くもなく、一瞬遅くもなく、出逢いがあり、助けられ、導かれていくことを実体験し、なんとか生き延びてきた私です。人生とは、出逢いという花に飾られた木の如しです。

この本を手にとってくださったみなさまにも、良き出逢いによって黄金花咲く人生が訪れますことを心より願いお祈りしております。また、人には言えないような不運や逆境に見舞われている方への一筋の光となりますことを心より願っております。

2015年1月

久保華図八

社員が輝くときお客さまの満足が生まれる　●目次

第1章

●大切な修業時代をいかに過ごすか

葬儀で学んだ父の教え――人生から逃げるわけにはいかない

私は北九州に2人兄弟の長男として生まれました。私の父は公務員をしており、ごく普通の家庭に育ちました。ですが、物心つく頃から家ではもめごとが絶えず、貧しい暮しでした。子ども心に、父母のケンカなどが辛く、ボロ家に住んでいることや、家のポンコツ車に乗ることが恥ずかしく、いつしか両親のことを嫌うようになっていました。というより、恨んでいるといったほうがいいくらいの感情を持つようになりました。やがて反抗するようになり、地元ではフダ付きの悪でした。

その当時は貧乏でケチな父が大嫌いでした。その父も58歳という若さでこの世を去りました。

それが、です。その父の葬儀の時に、驚くほどの花が届き、家に入りきれないほどの方が弔問に来られました。その方たちが口々に言われるのです。

「お父さんはすごい人だったんだよ。自分の両親の生活の面倒も1人で背負い、お母さん方のお母さんの面倒も見て、そのうえ、体の不自由な自分の弟さんの生活も、たった１人で見てきたすごいお父さんなんだよ。あなたたち子ども2人と奥さんと、そのうえご両親や兄弟、こんなたくさんの人を背負って働き続けた、すごい人だったんだよ」

そう聞かされたボクは頭をトンカチで殴られたようでした。貧乏でケチだったのは、たくさんの荷を投げ出さずに背負っていたからだったのです。ボクは、父に充分な親孝行もできなかったことを後悔するとともに、大きな学びを得ました。

「人生から逃げるわけにはいかない。ごまかすわけにはいかない。背負える分だけ背負って生きていく！」

そのことの大切さ、すばらしさを身を持って父から教えてもらいました。たくさんの人から惜しまれ旅立った父に、少しは褒めてもらえるように生きようと心に誓いました。

誰にでもできる

とはいえ、道をそれて高校へも行かずに遊びほうけていたボクです。しかし、運がいいことに中学を出て、たまたま選んだ仕事が美容師だったことが良かったのでしょうか？　今思えば運が良かったとしか言えません。学校もロクに行かず、ダメダメ続きのボクでしたが、やればできるものです。キャリアや才能は先天的に持ち合せていなくても、目の前の仕事を好きになり、全力でやれば、必ず成功へたどり着けると実体験しました。

ですから、外見や学歴、才能などで人を評価したり、見くだしたりしてはいけません。ましてや、わが子や自分たちの部下、後輩を、そのようなものさしで見るのは良くないことです。外見や学歴などの過去で人を評価したり、決めつけることは、その人の将来をつぶすことになるからです。ボクぐらいのたいしたことのない者でも、心の置きどころを変えて頑張れば、ダメだったり、評価されない過去も打ち消すことができたのです。

ですから、未来のある若い人たちは、過去の延長線上に未来を描かないことです。過去でなく、目の前の仕事、目の前の人を好きになり、徹底的に頑張ることですね。

家族主義の原点—ゴールデンルール

私の両親は少し変わったところというか、特長がある両親でした。普段は自由奔放にさせてくれるのですが、正月の三が日やお盆の迎え火・送り火の日、家族の誕生日だけは絶対に家に居ること、というルールがありました。いかなる理由も例外も認めてくれませんでした。信心深いほうではありませんでしたが、墓参りや親孝行は必ずやっていました。

この幼い頃の経験がベースとなり、私どもバグジーという会社は「家族主義」を唱えています。ですから、決められた行事や事柄、例えば入社式や社員旅行、忘年会などは絶対参加を義務づけています。また社員一人ひとりの親孝行も、強制的とはいいませんが、かなり強く求めています。これは、自分の家族から身を持って教えてもらったことです。

最近よく耳にする「家庭崩壊」や「会社のモラル低下」、「会社の団結力の欠如」などは、このようなゴールデンルール（全員共有のルール）を徹底していないために起こっているのではないでしょうか？

1年に限られた数少ない行事や事柄を、全員が共有できない集団はガラス細工のようなものであり、ルールのない組織は逆に楽しくないのではないでしょうか。ルールがあるからこそ自主性が生まれ、ルールを守ることから協調性が生まれるのだと私は信じています。

親も大切にできない人が、仲間を、さらには顧客（お客さま）を大切にできるでしょうか？　親も大切にできない人は、並外れた才能を持っていようとも、優れたスキルを持っていようとも成功はしません。人としての基本中の基本だからです。親を大切にするという一番上のボタンを留めずにいけば、どこまでいってもボタンは掛け違ったままです。家庭がうまくいかないとか、会社での人間関係の悩みとか、業績不振の人の根源《こんげん》は、親孝行にあるのです。

ですから、私どもバグジーは、初任給でご両親に感謝を込めたプレゼントをすることを義務づけています。ご両親の誕生日には、会社から有休をプレゼントして、ご両親に逢いに行くようにしています。

親孝行で両親を旅行に連れて行ったとか、両親のために家を建てたというような事例は、賞賛して、全社員に知らせて情報を共有しています。敬老の日には、スタッフのおじいちゃんおばあちゃんを招待して営業をしています。孫に髪をきれいにしてもらい、涙する姿もよく見受けられます。

このように家族のような会社づくりは、自分の家族の姿を映《うつ》しているのかもしれません。やはり、人は育った環境に色濃く影響されるものです。

そんな環境の家庭でしたが、その頃の私は中学しか出てなく、進学しないことに対する公務員の父の猛反対もあり、中学校を卒業してすぐに家を出されました。行くあてもなく、美容室に住み込みで働くことになり、ボクの美容師人生、商売人としてのスタートとなったのでした。

才能はいらない——鍛錬こそ成功のカギ

家を出て、その当時でいう「丁稚奉公《でっち》」という住み込みの美容師修業時代は、厳しいものでした。

まず朝起きてお店のオーナー（先生）のお子さんを保育園に送ることから1日がはじまります。朝食は先輩たちの後にとるのですが、おかずも少ししか残っていません。早々に食事を済ませ、タオルを畳んだり掃除をし、朝一番のお客さまをお迎えします。シャンプーをさせていただいたり肩をもんだり、カットした髪を掃いたり。ずっと立ちっぱなしで、昼食もとることなく、すぐに夕方になります。昼食と夕食が一緒のような夕食をし、最後のお客さまをお見送りすればもう夜。そこから、修業である基本の練習会です。

朝から立ちっぱなしで足は棒のようになっていますが、それから何時間もパーマをかける練習や染毛（カラーリング）の練習をし、終わってみると夜の11時12時。クタクタの体で寮に戻り、風呂をいただき、気づかぬうちに寝ているというような毎日でした。

休日もほとんどなく、月に1日2日あればいいほうで、その休日も練習や講習会などでつぶれていました。

あっという間に1年が過ぎ、またたく間に3年が過ぎました。きつく、辛い修業時代でしたが、今では楽しかったかなぁ…と思います。

人生において、ある一定の時期（期間）に充分な修業、鍛錬は必要です。例えていえば、家を建てる時の基礎工事のようなものをこの期間にしっかり行っておくことで、大きく明るい未来を支えることができるのです。世界的に有名になるほどの野球選手でもプロゴルファーでも音楽家でも、必ず若い時期に人が真似できないような鍛錬と修業をしているのです。決して才能があったわけではないのです。

ですから、若い人たちは決してあせらずに、努力や苦労を正面から受け止めて、大きく明るい未来のための基礎づくりに励んでください。功をあせらずに、じっくり下積みをしてください。

また、それを受け止める組織としては、この時期を簡素化して短期で行おうとせず、鍛錬や修業で若い人たちに実力をつけさせることが重要です。それが後になって、大きな成果と可能性を生むのです。

「きつく苦しい時期があったから、今がある」

アサガオが美しく咲くために、冷たい風や霜に耐え、暗い夜を凌《しの》いだからこそ、朝美しく咲くように…。

尊敬する人の下で働く喜び

そんな大切で楽しい日々でしたが、どうしても乗り越えられない辛いことがありました。それはある一部の先輩からの理不尽な行為や言動を受けたことでした。辛くて、悔しくて、何度も店を辞めようと思いましたが、その都度ボクはこう考え思い、踏みとどまって頑張りました。

「自分の人生を変える人が、この人でいいのか？」

自分の大切な人生を、自分の大切な人や大好きな人によって変更されることはやぶさかではありません。むしろ、そうすべきことでもあるのですが、「自分の人生をこの理不尽で、大嫌いな人のために変更するなどおかしいことだ！」と思い考え、頑張って乗り切ったのです。

また、逆に思い返せば、日々が楽しく充実している時は、必ず尊敬できる先輩や大好きな先輩がいてくれました。そう考えると、楽しい職場、やりがいのある職場とは、尊敬できる人の下で働くということなんだとつくづく思います。少々辛いこと、苦しいことがあろうとも、尊敬できる人の側であれば乗り越えられますし、その尊敬する人から褒められたい、認められたいという思いこそ、内的動機の最たるものです。

ボクはこの経験から、自分より立場の下の人から尊敬されること、好かれることこそが、リーダーの条件ではないかと思っています。また、その逆の立場で考えてみると、自分が少し後輩を持てるようになり、店のリーダー的存在になってからは、自分が落ち込んだり弱気になったりして、良くない自分になりそうな時、いつも勇気や元気をくれる後輩が側にいてくれました。その後輩たちと関わっていると、心の底から勇気と元気が湧いてきて頑張れたものでした。リーダーとは、部下や後輩から励まされ、育てられて、リーダーとなるのですね。

ですから、まずは先輩を良きリーダーにできる部下や後輩であること。上司や先輩に勇気を与える部下（後輩）という経験を経て、今度は、部下（後輩）に好かれ尊敬されるリーダーになっていくのです。

現実を目の前にして、「私の部下はダメなんです」とか、「ボクの上司はダメなんです」ではなく、「私が部下をダメにしているんだ」「ボクが、上司をダメにしているんだ」と思うことです。常に指を自分に向けて生きることです。そうすることで、すべての場面で反省があり、改善があり、成長へと結びつき、部下時代にはグチなき日々を、そして自らがリーダーになった時は、常に責任感のある、みんなから尊敬される人になっていくのでしょう。そのプロセスをたくさん持つチームが最高のチームになっていくのです。

ボクの口グセです。若いスタッフには、「先輩を喜ばせることに全力で取り組むこと」。また、先輩（リーダー）は、「部下に愛情を注ぎ、支え、尊敬されることこそ、最も大切な仕事なんだ！」と。

そんなことに、自分の経験からたどり着いたのでした。

目の前の仕事を好きになること

そんな日々の中、徹底的に修業は続きました。「量は質に転化する」という言葉があるように、練習の量が質の向上につながっていきました。

その中でもハデさや即効性はありませんが、基本の大切さを徹底的に学びました。明けても暮れても基本の練習です。ですが、今思えば、この時期に基本を徹底していたからこそ、今の自分があるのだと思います。しっかりみっちり基本を修得することで、その後の応用やアレンジ、デザインの幅も広がるのですから、「基本＝実力」といってもいいと思います。

若い時期は、意外と事をあせり、スピードを求めたり、華やかなことを求めがちですが、そうすると実力が伴わない、薄っぺらなものになってしまいます。ですから基本をおざなりにせずに、しっかり修得しておくことこそが、いざという時に実力を発揮することにつながるのです。修業中に大切なことは、「好きな仕事を選ぶのではなく、目の前の仕事を好きになり、全力で取り組むこと」です。

また、先ほども述べましたが、修業中は自分に大きく影響する存在である先輩に好かれることも大切です。自分を伸ばしてくれるのも、導いてくれるのも、先輩であることは事実であり、ひいてはそれが自分のためになるのですから。

「鏡の法則」とよくいいますが、自分が嫌いな先輩は、きっと先輩も自分のことを良く思っていないものですし、自分が好意を持つ先輩も、やはり、自分のことを良く思っているものです。自分が変われば相手も変わります。そうすれば必ず、良き人間関係の中で働くことができます。後は全力で目の前に与えられた仕事を好きになり、やるだけです。

私はそうして15歳で飛び込んだ美容師の仕事を、８年間休むことなく終え、23歳という若さで独立開業することになったのでした。

第2章 ●挫折から学んだこと

出逢いが人生を変える――世界的美容師との出逢い

さあ、いよいよ念願の独立です。実家の近くの折尾（北九州市）という町に、6坪という小さな小さなお店を持ちました。

独立する時は、あたかも青空広がる南国の美しい海に船出をするような思いでしたが、現実はおそろしいものでした。まるで荒波で荒れ狂う真黒な北の海へ船出したのでした。資金もろくにありませんので、立地はもちろん、十分な設備も広さもない、ないないづくしの開業です。

お客さまが、全然来ないのです。来る日も来る日もそんな日が続きました。お金がありませんから、宣伝や広告もできません。手書きで作ったチラシをバス停などに貼り付けてみたり、近くの飲食店などに置いてもらったりと、努力をしたものの効果はなく、途方に暮れていました。

その時、私はすでに結婚しており、長女も生まれていましたので、特に妻には苦労をかけました。ミルクを買うお金もオシメを買うお金すらないどん底の日々。ですが私の妻はとてもすばらしい人で、そんな私を支えてくれました。

今でも覚えているのは、ベッドが欲しかったのですが、当然買うお金はなく、ビール瓶のケースをいくつも並べて、その上にコンテナ（木板）をのせて布団を敷き、ベッド代わりにしていたことです。そんな貧しい日々を耐え支えてくれた妻と娘には心から感謝しています。


そんな逆境の中、突然ボクの人生を好転する出来事がありました。

「世界的に有名な美容師がアメリカから来日。講習会が福岡である」というチラシがお店に届いたのです。ボクは、そのチラシにふと目がとまり、ビビっと感じました。そして、その講習会に行ってみたのでした。

たくさんの観衆の中の1人として、その有名な美容師さんの技術を目にした時、まるで体に電気が走ったようでした。あまりの技術のすばらしさと、美容に対する考え方のすごさに圧倒され、ボクはすぐさまこう考えました。

「そうか、お客さまが来ないのは、自分の技術が下手だからなんだ。もう一度、この人のもとで一から学びなおそう！」

そう決意したボクは、その講習を終えて帰ろうとしているその方に、「ボク、アメリカまで行きますので弟子にしてください」と直談判《じかだんぱん》したのです。

するとその方は、「いいですよ。来たら連絡ください」と言って帰って行かれました。

その方は、ビバリーヒルズで大活躍している世界的に有名な先生でした。ボクはさっそく旅支度をし、その先生が帰国する飛行機に合わせて成田空港で待ちました。そして、その先生を見つけて同じ便に乗り、アメリカへ旅立ったのでした。

「君はゴーインな人ですね。来ていいとは言いましたが、こんな急に突然来るなんて」と、先生は驚きを通り越し、呆れているようでした。

つぶれかけていた店を思い切って長期休業にした上での、無謀ともいうべき行動でした。ですが結果として、この行動がボクのその後の人生を大きく動かしていくことになります。


この経験を今思い起こしてみると、「感じること」と「行動すること」の大切さです。

もっというと、「感即動」という仏教の言葉のように、「感じたら、即く動く」ことが運良くできたことです。

さらに、もっと大切なことは「出逢い」ですね。それも、逆境の暗闇の中での一筋の光のような出逢いが、ボクを導き助けてくれたのです。どんなに苦しく辛い逆境にあっても、あきらめない心を持っていれば、必ず道は拓けるのですね。

ボクはアメリカで一生懸命に学びました。言葉もわからない、知り合いはただ1人。そして、日本には貧しい日々を送る妻と娘。あっという間に予定の2週間は過ぎ、気がつけば1か月、2か月と経っていました。

日本に連絡すると、妻は「後悔しないように頑張って」と言ってくれ、先生に相談しても「ここまで来たらトコトン修業して、日本一の美容師になって帰りなさい」との言葉をいただきました。そしてその後も毎日毎日が勉強という日々が続きました。

そんな日々は同時に、アメリカ、それも世界屈指の成功者の街・ビバリーヒルズに染まっていく日々でもありました。昼はあらゆる国籍の一流の美容師さんから学び、夜はハリウッドを楽しみ、休日は車を飛ばしてラスベガスで遊び、また次の昼は一流の人たちと一緒に仕事をさせてもらったり…。そしてとうとう半年余りが経ってしまいました。

今思えばうそのような無謀でデタラメな渡米生活でしたが、ボクは、この経験で大きな自信と実力をつけました。帰国の前日に先生から、ありがたい言葉をいただきました。

「久保くんの修業は終わったのではなくはじまったんだよ。これからは1年に3回は渡米してきなさい。そしてボクと世界中で学ぼう」

そしてボクは、先生の認定する日本人講師第一号となり、その後30回以上の海外修業をすることとなったのです。

人間万事塞翁が馬――バグジーの誕生と崩壊の危機

帰国後、つぶれかけた店の再出発を果たしました。以前のような閑古鳥の鳴く店がうそのようで、あっという間にお客さまは一杯となり、何か月先まで予約がとれないほどの繁盛店となるのです。

やはり商売は根本が大切だと痛感しました。料理店なら料理が美味しい。医院ならば治療がうまい。美容院なら技術が高い。この根本が良くないといけないのです。お客さまが来ないということは、自店自社の売り物（根本）が良くないということを、お客さまが、世間が教えてくれているんですね。おかげで貧しさから這《は》い出すこともできました。

その頃になると、全国からセミナーの依頼も殺到するようになり、たくさんの良き友や先輩との出逢いもありました。北九州で共に学んだ神山さんや鳥羽くん、川崎くん。いつも見守ってくれた大野城の松本さん。たくさんの心友や先輩が背中を押してくれたおかげで今があります。後にまたゆっくりとお話しますが、その中でも東京の大野勝次くんとの出逢いもこの頃です。

そして１人、また１人とお弟子さん（スタッフ）も入店してくれて、つぶれかけの小さなお店は10人を越すほどになりました。さらには支店も出し、その店もお客さまで一杯となり、いよいよ地元で一番の街・黒崎に念願の店を出すことになりました。

その店を「バグジー」と名付けました。バグジーという店がこの世に誕生したのです。

ここまでは順風満帆に見えたのですが、「人間万事塞翁が馬」の如く、失敗と挫折が押し寄せてくるのでした。


忙しく商売繁盛の日々に、次々と問題が起き出しました。スタッフ同士の不和が起き、業績の良いスタッフの横暴、若いスタッフたちの退職と続き、店内の雰囲気は悪く、チームワークは乱れました。

そんなある日、北九州で一番の街・小倉の魚町への出店の話が舞い込んできました。ボクは、今の店を良くする起爆剤になればとの想いから、思い切って今までしたことのないような多額の融資を受けて出店しました。

その直後に悪夢が訪れます。1人の幹部が退職することになります。そうすると堰《せき》を切ったように次々と幹部たちが退職していったのです。それにつられ退職者が続出し、半数近いスタッフが去っていきました。

美容室はいくらお客さまが来てくださっても、スタッフがいなければ店はつぶれます。

世間でいう倒産の危機です。大きな借金をし、店を拡大した途端にスタッフがいなくなる。どうしようもない現実になすすべを失いました。毎日来る支払いと金策に疲れ果て、連日酒を飲んでは、辞めていったスタッフの文句ばかりを口走っていました。

和尚さんの一言

そんなある日、東京の心友である大野くんから連絡があり、「お寺の和尚の話を聞いてみては？」とアドバイスを受け、さっそく行ってみることにしました。

その時、和尚は西郷さんの南洲翁遺訓《なんしゅうおういくん》の話をしていました。

「兵《スタッフ》が去っていくのは、その上に立つ者《リーダー》が悪いからだ。上に立つ者が良ければ、その組織から人が去ることなどない。まして去りゆく者の悪口を言うような上の者が、もしここに居るのなら、1日も早くリーダーを辞めなさい！」

その言葉を聞いて愕然《がくぜん》としました。和尚は、ボクに言ってくれているのだと思いました。

そして、続けて和尚が言います。

「今やるべきことは、今だ。ついて来てくれる仲間に頭を下げて謝り、やりなおすことだ！」

ボクは泣けてきました。

「そうだ。ボクが悪かったんだ。アメリカで学んだ成果主義の申し子のように、すべてを実績とお金で判断し、ダメな者は切り捨てるかのような指導の結果、こうなってしまったんだ」

「辞めた人の声を真摯《しんし》に受けとめよう。辞めた人の声は、今残ってくれているスタッフの声なき声なんだ。今残ってくれている仲間に許しを請い、頭を下げて、もう一度頑張ろう」

そう固く決意したのでした。

次の日に大野くんが九州まで駆け付けてくれて、ボクにこう言いました。

「ボクはまだ経営者ではないし、力もないけれど、少しでも役に立ちたいから、少しのお金だったら工面するし、必要なら保証人になるから、遠慮せんで言ってくれ」

ボクは、うれしくて、ありがたくて、恥ずかしながらホテルのロビーで号泣したのでした。

従業員第一主義のスタート

その日の夜、残ってくれたスタッフを集めて謝り、これからの決意を伝えました。

「今まで苦労をかけてごめんなさい。ボクが悪かったから、こうなってしまったんだ。売上やお金に振り回されて、一番大切なことをなおざりにしてしまっていたんだ。本当にごめんなさい。そんなボクだけど、もう一度チャンスをください。これからは売上や利益は後、働く人が幸せで、働く人の辞めない店（会社）をつくりたいと思う！　だから力を貸してください」

するとどうでしょう。今まで暗い表情だったスタッフは光が差し込んだような表情になり、

「いいじゃないですか！　やりましょう。今まで去っていったスタッフのことは、い

いじゃないですか。ボクらがいます。ボクらで日本一、働く人がハッピーな店（会社）をつくりましょう」と言ってくれました。

この日が本当の意味でバグジーの創業の日となりました。その時のメンバーは、サホ、ハチ、モトキ、コンちゃん、藤井くん、のぶ、みのるでした。今のバグジーを共につくってくれた創業メンバーであり、私の命の恩人です。

そこでボクがみんなに聞いてみました。

「どうすれば『やりがいのある』『楽しい』店（会社）になるだろうか？」

すると5つの意見が出てきました。

天の声（従業員の声）その1　もっと安心して働きたい

成果は大切だけど、成果が悪いと給与が下がったり、成果の良い人だけが賞賛され、長く勤めていたり、見えないところで頑張っている人は粗末に扱われる。遅刻をするとペナルティがあり、社員控室には売上別のグラフがあり、成果から遠くにいる人は針のむしろにいるようだ。だから、これからは、成果だけで評価するのではなく、見えないところの努力や、長く勤めることのすばらしさ、立場の弱い人も大切にするようにしてほしい。

正直、ボクはビックリしました。

働く人に「やりがい」はどうしたらできるかという問いの答えに、「高い給与」や「多くの休日」などがはじめに出てくると思っていたのに、そうではないことに本当に驚きました。それも、「安心した環境で働きたい」ということです。

ダメなリーダーのボクは、働く仲間の心情をまったくわかっていなかったのです。

そうだったんだ。赤ちゃんが母に抱かれている時、安心して手足を動かし、動きまわる心理状態を「セーフベース」というように、働く人はいかなる時も、会社から見守られていると感じている時のみ、冒険心が起き、動くんだ。

「うちのリーダーは、いかなる時も決して手を離さずにいてくれる」と思うからこそ、全力で何ごとにもトライできるんだ、そう理解しました。

そこで、さまざまな改善を実行しました。

例えば、長く勤めてくれているスタッフに得意な分野のポジションをつくり、手厚い労働条件を整備しました。また、今までは、入社式などで成果のみを表彰していましたが、それをやめて「縁の下の力持ち賞」や「敬愛大賞」「無遅刻無欠勤賞」なども賞賛することにしました。

さらに、新入社員を含むすべてのスタッフとの食事会を定期的に行ったり、スタッフ一人ひとりとその家族の誕生日には、筆をとり、手書きのバースデーレターを送ることにしました（現在は、退職したスタッフにも、縁を大切にするために手紙を書き続けています）。

それまでは店の責任者を業績によって決めていましたが、それもやめました。責任者とはみんなの手助けや世話をする者なのですから、人気があること、または人の世話が好きな人を選出することにしました。

このような改善を行った結果、一人ひとりの責任感は増し、助け合える組織に変わっていきました。

付け加えておきますが、成果をなおざりにしているわけではありません。成果は自己成長のバロメーターであるとシフトチェンジして、成果を競うのではなく、自分自身の成長を成果としました。昨年の自分を越えることを目標としたわけです。ですから、今は「自己成長率」（昨年の自分の実績をどれくらい越えられたか）を一番重んじています。

そうすることで、他人と比較されることや、同じ社内に勝者と敗者が存在するギスギスした空気はなくなりましたし、逆に一人ひとりの成長に軸足をおくことで、全体の成果はより上がりました。

また、結果良ければすべて良しという風土から、当たり前のことを当たり前にやる。ミスを責めるのではなく、ミスをしない方法をみんなで考えるようになっていきました。

業績はふるわないけれど長く勤めてくれている人や、駐車場係やパートタイマーのような経済的に弱い立場の人を大切にすることで、自分がもし弱い立場になったりした時でも、この会社は守ってくれるんだという心がみんなに芽生えてきました。弱者救済の精神が根付いたことで、さらに強いチームワークと団結力が生まれてきたのです。

この先ここで働いていたら、1年後にはどうなっているのだろう。3年後は？　5年後は？　10年後は、という不安があるということもわかりました。

そこでボクは「明日のために今日がある」というビジョンを作文に書き、みんなに手渡して共有しました。俗にいう「キャリアパスプラン」です。

自分の働く会社の方向性やビジョンが明確になることで、その会社のビジョンと各スタッフそれぞれの夢や目的がリンクするのか、しないのかがわかるようになり、「ここで○年働くと、こんな自分になれる」という安心感が得られるようにしました。

このような改善を繰り返していくことで、どんよりした雨雲に覆われた空が、澄みきった青空のようになっていくように、会社の空気が変わっていきました。

こう書きますと、数か月での変革と感じるかもしれませんが、実際に手応えを感じたのは2～3年経ってからです。10年ほど続けてやっと実感できました。やはり風土改善は、忍耐強く、長期的に取り組むべきことだと思います。

天の声（従業員の声）その2　もっと自ら参加したい

決められたことばかりをやるだけで「やらされている感」がある。ぜひいろんなことを自分たちで考えて、実行したい、という意見が出ました。

そうです。「参加意識」が欲しいということだったのです。それまでは、企画から採用、関係業者の選別、人事におけるすべてのことを、私もしくは幹部（上の者）で決めていました。そのために、働くみんなは、自分たちは言われたことだけをやる単なる歯車のようだと感じており、仕事ではなく、作業になっていたように思います。

ですから、まず改善したのは、会社全体の年間計画やプロモーションに至るまでのすべてを全員で決めようと思い、春の入社式の翌日に、新入社員も含めた全員で一泊合宿という形式で、みんなの意見で決めることにしました。

この合宿を「夢合宿」と名付けました。スタッフ全員一人ひとりの「今年の夢や目標」と「バグジーのスタッフとしての今年の目標やテーマ」を発表するところからはじめる合宿です。

深夜遅くまでかけて全員ですべてのことを決めました。そうすることで全員が参加してつくった目標であり、企画であり、店づくりとなっていきました。この合宿で決めた年間スケジュールにそって、一丸となっていったのです。

またこれに伴って、少しずつ権限委譲（権限の付与）を増やしていきました。

例えば、取り扱う商品や業者の選別から、求人採用に至るまで、次々と各自で、各プロジェクトが決定できるようになりました。

その結果、決められたことをただやりこなしていた時よりも、はるかに良い結果を出せるようになりました。スタッフみんなにデシジョン（決定権）がない時は、会社の中に「責任の縮小」が起きていたものが、参加意識が根付くにつれて「責任の拡大」が起きてきたのです。経費などは、何と20％近くの削減に成功しました。驚きの結果です。やはり、仕事とは心に支配されるものなのです。そんな全員参加型の改善が、自主活性型の原動力となったのでした。

この全員参加型で、おもしろいエピソードがありました。

ある時、美容室にレストランを併設することになったので、思い切って若い女性スタッフに、内装から備品や設備に至るまでのすべてを任せてみたのです。すべてを任せることは実に不安でした。ですから、そのすべてのプロセスには立ち合ったり報告をしてもらったのですが、その若い女性スタッフの決めることすべてが、ボクから見て良くないと思うことばかりでした。照明、壁、備品、椅子、テーブルすべてが、私には良いと思えなかったのですが、任せると決めた以上、ぐっと堪えて我慢して、その店はでき上がったのです。

するとどうでしょう。私が良くないと思っていた店は、今までで最高の評価を得たのです。スタッフはもとより、お客さまからの評判もすばらしく、今も私どもの店舗でナンバー1のお店となったのです。私は自信もなくしましたが（笑）、人に任せることのすばらしさや可能性を、大きく確信することになったのです。

権限の委譲が持つ可能性とエネルギーの手応えを感じたエピソードでした。

天の声（従業員の声）その3　もっと信頼してほしい

先ほどの「参加したい」と似ているのですが、参加意識とは、「聞いてほしい」とか「知っておきたい」というような気持ちです。この「信頼」とは、もっと大きいというか、参加意識の延長線上にあるようなものです。

例えば、今期採用する新人社員の人数や採用の決定、新店舗の出店の有無からその損益計算、目標に対する企画・実行、また給与や賞与の決定といった重要なことを、信頼関係の中で共に行いたいということでした。さすがにここまでくると全社員で決定することはできませんので、各店の責任者から構成される幹部会にて決めることにしました。

また、組織を大きく3つに分けました。企画やプロモーションといった売上実績を運営する部門と、教育全般とそれに伴う給与などを決定する部門、採用や人事といった人の問題を束ねる部門とに分け、各部門長にデシジョンを与えることにしました。

基本的に各部門同士の協力は惜しみなく行うものの、各部門がデシジョンを持って推進することにしました。そのことで各部門は、自分の任された部分のエキスパートとなっていきましたし、各店舗のリーダーは、そこで決まったことを確実に共有して、すべてのスタッフへ伝えることに専念できるようになったのです。

今までは、経営者が決めたことをミスなく行うという組織から、自分たちが決めてそれに責任を持って達成するという自主活性型の組織になりました。

また、その自主活性型をより深めるために、学校でいうクラブ活動のようなプロジェクトをいくつかつくりました。

例えば、「働く人がより楽しくなるためのプロジェクト」や、「お客さまをよりハッピーにするプロジェクト」「節約をするプロジェクト」、はたまた「当社の5年後を考えるプロジェクト」などです。権限を分散化することで、個々と会社との信頼は増し、責任感も出て、働きがいが見えてきたと思います。

信頼し合える組織とは、口で言うのはたやすいのですが、なかなか至難の技です。しかし、できるようになると「うまくいきだしたパズルゲーム」のように加速して良くなっていくものですね。信頼とは、少しずつ積み上げるレンガのようなものです。

小さな信頼が信頼をつくり、やがて大きな信頼になっていくのです。また字の如く、信じて頼れることがスタートとなったのです。

天の声（従業員の声）その4　働く環境を良くしてほしい

えてして、CS（顧客満足）に力を入れれば入れるほど、逆に働く環境は悪くなるものです。お客さまを中心に考えれば考えるほど、休日が減り、労働時間が増え、仕事も増えるものです。

そこで、私は働く環境を一つひとつ改善することにしました。それも段階をつくって徐々に改善していきました。昨年をこれくらい越えられたら、休日をこれだけ増やそうとか、営業時間を短縮していこう、というように年々改善していきました。

おかげで今は十分な休日や労働シフトをとれるようになり、また福利厚生もすべて整えることができました。

特に、各自で特別に大切な日を「メモリアルホリデー」と称して休日にしたり、勉強できる休日「スタディー有休」をつくったり、故郷が２００km以上離れている人には、正月とお盆は多めに休みをとれることなども実行しています。

また、会社の要望で転勤する際には一定の給与保障をしたり、家族手当てをつくったりして、働く環境を整備し続けています。

私たち美容の職業病に「手荒れ」がありますが、この手荒れをなくすには、水仕事を少なくするしかないとのことで、思い切ってタオルの洗濯をやめ、すべてクリーニングに切り替えました。そのうえで、使用している水を良質にすることも大切だということで、すべての店舗に軟水器を取り付けました。今では手荒れはほとんど解消しています。

また、結婚していたり、子育てをしている女性スタッフのために、入社8年以上の女性には、自分に合った勤務シフトにできるフレックス制を採用しています。今後は、さらに自社の保育園設立や、各店の学童施設もつくっていこうと計画しています。


働きやすい環境をつくることで、一人ひとりが仕事に打ち込めることができるようになりました。ただ、この環境改善で間違ってはいけないのが、ただ単に環境を良くすればよいというものではなく、環境とはみんなで築き上げていくものだということです。

ここまで会社を良くしたら、こんな環境にしていこう、というように、その環境をつくっていこうと考えて実現していくプロセスこそが、やりがいとなることを忘れてはなりません。

こうして、働きやすく楽しい職場づくりができてくることで、みんなが仕事（お客さま）に全力で取り組めるようになり、お客さまからの「お褒めの言葉」や「感動していただく事例」が増えていったのです。

天の声（従業員の声）その5　もっと勉強したい

そして最後に出たみんなの意見に一番驚きました。何と「もっと勉強したい」ということでした。

そもそも仕事の楽しさとは、「できないことが、できるようになること」「知らなかったことを知ることができること」なんですね。

ボクは、仕事のやりがいとはお金を中心とした外的要因だと思い込んでいましたが、自己の「成長実感」にあることをスタッフに教えてもらいました。そして、数多くの学習文化をつくっていきました。

今まで自店の技術や内容には自信があった分、閉鎖的になっていたので、アウトソーシングをたくさん行っています。全国はもとより、海外からも優れた方に来てもらい勉強会をやっています。そのことで美容技術はもとより、考え方や生き方などもさまざまな方から学ぶことができるようになり、幅が広がりました。

また、スキルのみが先行しては良くない、心のレベルアップもしていこうと考え、ビデオやＤＶＤを使った鑑賞会を行ったり、読書をする時間をつくりました。自社の教育センターをつくり、休日や営業時間内に勉強できる場もつくりました。ヘアだけにとどまらず、メーク、ネイル、着付けと、お客さまのより広いニーズに応えられるような勉強会もつくりました。

このように学べる場を増やすことによって、より良い学習文化がつくれています。

みんなの意見を一つずつ実行しては、改善を重ねて、徐々にバグジーという組織が良い組織になってきたのでした。

天使の仕事ー真心とやさしさと

そんな改善、改善の日々が続きました。それから1年ほど経ったある日のこと、バグジーにとって記念すべきことが起こったのです。

いつものように、仕事を終えてスタッフと食事に行った時のことです。私どものお客さまの営む飲食店に行きますと、その店のオーナーさんが私に言うのです。

「実は私、お礼に伺おうと思っていたのです。私がバグジーを紹介した方から昨日電話があって、私は感動してしまって…」

「私の紹介したお友だちには、ダウン症の娘さんがおられ、バグジーで髪を切るのをとっても楽しみにしているのですが、その娘さんにバグジーのスタッフさんから手紙が届いたそうなんです。それも宛名から宛先、すべてをカタカナとひらがなで書いてくれていたそうです。その娘さんは、20歳を過ぎていますが、病気のために難しい字を読むことができずにいたため、その手紙が、生まれてはじめて自分で読むことのできた手紙だったらしく、娘さんは飛び上がって喜んでいたそうです。それを見ていたお母さんは、うれしくて涙が止まらなかったとのこと。仕事から帰ってきた旦那さんがそれを聞いて、親子3人で涙して喜んだとのことなんです。

次の日、お礼の電話をいただき、『あんなすばらしい美容室を紹介してくれてありがとう。今まで娘を隠すように育ててきたことを後悔しているんです。だってあんなにやさしく接してくださる人がいたのですから…。まるで天使のような方たちですね…』って。私は泣けてきて、受話器の向こうの友人と2人で泣いちゃったんですよ…」

ボクは話を聞いて体が震えました。涙が止まりませんでした。そしてこのすばらしい話を聞いた時にボクの人生は大きく変わりました。

学校卒業後、修業を経て、海外での経験、出店、そして、それからの十数年、合計20年をかけて遠回りしましたが、光り輝く道へやっとたどり着いたような気持ちでした。

その娘さんはきっと漢字が読めないだろうからと、ひらがなとカタカナで手紙を書いてくれた私どものスタッフの真心とやさしさ、すばらしさと尊さが、こんなにも人を喜ばせハッピーにすることができるんだと。

「これからのバグジーは、これだ！」

スタッフ一人ひとりに愛情を持って接して成長させよう。その愛情一杯の中で育った人が、愛情一杯にお客さまに接してくれるんだ、と大きな決意ができました。

まるで、ただひたすらに前進するだけの船に、羅針盤が付いたようでした。どんな悪天候にあっても、暗い夜でも、悠々と航海できる船となった気持ちでした。

その日の美酒の味は今でも忘れられません。その後、このことは「天使の仕事」として、今もなお受け継がれており、毎年毎年、負けず劣らずの天使の仕事が起こっています。この日を境にバグジーの前進はさらに加速していきました。

良い事例とは伝染するものです。その後、たくさんの天使の仕事によって社風は変わりました。何と倒産寸前から数年余りの出来事です。あのどん底からの数年で得た考え方や行動基軸が、今のバグジーの基礎をつくってくれたのです。

こうなってくると良いことは続きます。入社してくる人たちは、やさしい心根の人ばかり、お客さまは良いお客さまばかり、あれよあれよとつぶれかけた店のすべてが地域一番となり、その後4店、5店…と店舗数も増えていきました。

第3章 ● 「お客さまハッピー」と「働く人ハッピー」

人生の師を持つこと

それから数年が経ちますと、またまた問題が起きてきました。

急激に大きくなった組織は良くないものです、あれだけ強かった意識統一も薄れて、技術力や対応力に陰りが見えてきたのです。そんなことを悩んでいたある日、またまた、ボクの人生を変える大きな出逢いがやってきたのです。

私と苦楽をずっと共にしていたスタッフが、実家の美容室に帰ることになりました。実家のお店を改装オープンした折にお祝いに行きましたら、そのスタッフのお父さまが一冊の本をくださいました。聞いてみるとお父さまのご友人で、熊本の山奥でお百姓さんをしている方の『繁栄の法則』（致知出版社刊）という本でした。

何の気なしに本をめくると、その1ページ目の言葉がボクの心につきささりました。

「与えなさい。与え続ければ必ず繁栄する！」

倒産寸前を機に、一生懸命にやってきたつもりでしたが、順調になりだしてからは一生懸命ではなくなってきていると気づかせてくれました。

ページをめくると次々と光を放つ言葉が続きます。

「順調はピンチ、逆境こそチャンス」

「投げたものは必ず返ってくる」

「拡大より充実を」

「少しだけ損をして生きていこう」


ボクは、またまた居ても立ってもいられず、熊本の小国に車を走らせました。住所を頼りに行ってみると、ボロボロの今にも倒れそうなお家がありました。留守でしたからしばらく待っていると、婦人用の古い自転車に乗り、ヘトヘトの帽子をかぶり白いあごヒゲを長くのばされた仙人のような方が帰ってこられました。

「先生、私、先生の本を読んで飛んで来ました。北九州で美容室をやっています久保と申します」というと、ほほ笑みながら、

「そうですか、私が北川です」

これが北川八郎先生との出逢いでした。その後、いろいろとお話をしていただきまし

た。その先生の透明感のある清らかな人柄に、一目見てフツーの人ではないと確信しました。それからは、毎月数回は熊本を訪れては、お話を聞きました。そうしてわかったことがありました。

組織は、リーダーである私自身が問題なんだと！

またしても出逢いによって、私はギリギリのところで助けられたのです。知らず知らずのうちに会社が大きくなり、スタッフも増えて調子に乗り、現状に満足してしまい、傲《おご》り高ぶっていたことが招いたピンチでした。

先生に逢うたび、反省の日々でした。

ある日、いつものように先生のもとに行きますと、先生が「久保くん、いつもカッコいいね。車も高級車だし…」と言うので、

「先生、ボクは美容師だから、服装はちゃんとしていないといけませんし、車は安全なほうがいいと思って…」と言い訳をしますと、先生は、ほほ笑みながら、

「本当は、自分がすごい人だと思われたいからでしょ？　高級な服を身に着けるのは、軽くてダメな自分を隠すため。高級車に乗るのも自分はすごい人なんだと主張していることで、自分に自信がないからなんでしょ」

ボクは返す言葉もなく、ただただ反省。というよりも、今までの自分の価値観がひっくり返されるようでした。

先生は続けます。

「久保くん、本当に自分自身を磨いて、すばらしい人柄を得た人とは、何を着ていようと何に乗っていようと関係ないものですよ」

「もっともっと自分を修めて、良い人になりなさい。そうすれば、いい服をまとわなくとも、いい車に乗っていなくとも、たくさんの人があなたに付いてきてくれ、たくさんの人から好意を寄せてもらえるからね」

ただただ反省でした。

また、ある日は、田んぼの手伝いをしていて、

「久保くんは、なぜ店をたくさん増やすのですか?」と尋ねられ、私が、

「店を増やすとお客さまとスタッフが喜んでくれるので……」と言うと、先生は、ほほ笑みながら、

「それは、何かの勘違いじゃないですか? 店を増やして喜ぶのは、あなただけでしょう。もしあなたが、まんじゅう屋さんだったとしたら、お客さまは店を増やしてもらうより、まんじゅうのあんこを増やしてもらうほうがうれしいに決まっていますよ。忘れていけないのは、常に拡大より充実に努めることじゃないですか」

……言葉がありませんでした。


こんなふうに月に何度かお逢いして、正しい道へ導いていただいたような気がします。そんなご指導のおかげで、順調というワナから抜け出すことができました。そして、また原点に戻り、天使の仕事を目標に日々謙虚に頑張っていますと、次々とスタッフたちが、すばらしいおもてなしや気遣いをしてくれていると評判が評判を呼び、たくさんの方から、お褒めの言葉をいただくようになりました。

指を自分に向ける

ボク自身が著書を愛読しており、以前より尊敬していました大久保寛司先生からも、お電話で「貴社の顧客満足と従業員満足は、すばらしいですね」と言っていただき、それからことあるごとに、たくさんのご指導をいただきました。

そのたくさんの導きの中でも、今でも心に刻んでいるのは、

「リーダーとは、自分に指を向けることができる人なんだよ」

という言葉です。その言葉をいただいたのは、私どものお客さまからクレームの手紙をいただいた時でした。

「思ったより、接客も良くないし、期待外れでした」とお叱りをいただき、寛司先生に相談した際にいただいた言葉です。

この言葉をいただいた時、ボクは一晩寝ずに考えました。そして、この言葉の意味をようやく理解することができました。

お客さまからこのような言葉をいただいたのは、現場の人のせいではなく、リーダー

である私のせいなんだ。私は、どうしていたらよかったのか？

答えが見えました。

私がもっと現場の人たちとコミュニケーションをとり、高い理想を伝えていれば、こんなことにならなかったはずだと反省しました。

そして、次の日に現場のみんなを集めて、「私が悪かったので、もう一度一から、みんなと高い理想に向かっていけるように」と話し合いをしました。そして、今後1年間は、私自身が会社の外での仕事を全部やめて、現場に集中することを伝えました。

すると、どうでしょう。スタッフのみんなが涙ぐんで言ってくれるのです。

「社長のせいではありません。私たちがしっかりしていなかったのです。なのに社長にいやな想いをさせてしまったのです。すみません、これからは一致団結して日本一のホスピタリティの美容室をつくります」と言ってくれたのでした。

「指を自分に向ける」

この言葉は、私が思う「上に立つ人の第一条件」となり、今も心に深く刻まれています。

重ねてホスピタリティの本質を指南していただいている力石寛夫先生と、人として長としての生き方を指南していただいている山崎宣次先生からもたくさんの学びをいただきました。

また、師より近きにあり、友よりは重んじる人との出逢いもたくさんありました。

今でもバグジーの合宿でご指導いただき、プライベートでも親しくしていただいている伊藤豊さんには、誠実であることや使命感を教わりました。

また、15年ほど前にバグジーに光をあてていただき、今でも私どもを見守り応援してくださっている西川敬一さんには、やさしさと一途な心を教えていただきました。

そして、最も信頼している心友の北田礼次さんには、ことあるごとに勇気と知恵をもらっています。

このようにすばらしい出逢いによって、つまずきながらも導いていただき、学ばせていただくことで、少しずつ、少しずつ私たちを成長させてくれたのでした。

尊敬できる人に出逢うということは、本当にすばらしいことです。尊敬する人がいるということは、おこがましくも、「こんな人になりたい」と思える存在ができたということです。自分の目指す人間像をもてたということです。

それは、人生にとってとても重要なことです。なぜなら、自分の人生の中に「ごまかせない人」「こわい人」を持てるということですから…。常に謙虚になれるし、ぶれやすい自分を常に律してもらえるからです。

また何をやるにも、先生ならどう考えるだろうか？　先生ならどう行動されるのだろうかと、判断の基準をより深めることもできます。尊敬する人を持つということは、私のような人間でも、尊敬する師や先生の存在のおかげで、少しずつですが謙虚になれ、判断を大きく間違わずにやっていけるのです。

このようにして、たくさんの出逢いが道しるべとなり、さらなる改善を進めていくことができたのでした。

CS（顧客満足）の極意

改善の柱の1つには、「顧客満足」があります。今は顧客満足を越えて「顧客ハピネス」を目指しています。この「顧客ハピネス」には4つの柱があります。

その1つは「安心を提供する」ことです。

お客さまに安心していただける、ということはとても大切なことです。お客さまの安心とは「覚えてあげる」ことなのです。名前などは当たり前で、そのお客さまの好むことや逆に嫌うこと。また、前回お見えいただいた時の会話や最近の情報、趣味、ペットやお孫さんの名前に至るまで、徹底的に覚えてあげることでお客さまは安心してくださるのです。

当たり前のことに情熱をかけることこそ肝要です。そうすることで、お客さまは安心してくつろいでくださるのです。何も言われなくても好みのドリンクをお出ししたり、読みたいと思う本や雑誌をお持ちしたり、前回ご来店時にお話しした会話の続きをしたりすることで、お客さまは喜んでくださり、安心していただけるのです。

そのため、徹底的な顧客管理のためのカルテやシートをつくり、「そこまで」と思われるほどに覚えるのです。お客さまから「何でそこまで覚えてくれているの?」と、安心を越える感動も生まれます。


もう1つの柱は、「手間をかける」ということです。

例えば、年賀状をもらってうれしく心に残るのは手書きのハガキです。料理を食べて、美味しいと思えるのは手料理であるように、手間とは、真心や誠意の表れです。

ですから、手間をかけることを惜しまず、好きになることが大切です。DMなどは手書きで出すようにしたり、お渡しする書類や商品にも、フセンを使うなど、少しでもアドバイスを手書きして加えたりすることで、お客さまに真心や誠意として伝わります。

お客さまのバースデーには、手作りのプレゼントを用意したり、お子さまが受験と聞けば、合格祈願のお守りを用意したりします。こうなると真心・誠意を越えて熱い想いとなり、お客さまは感動してくださるのです。

世間でよく耳にする「生産性を上げる」とか「効率を上げる」ということで、とても大切なことを置き忘れてきているのではないでしょうか？

手間をかけるということは、時間をかけ過ぎたり効率を悪くすることではありません。あくまでも、時間管理をより工夫して自分たちの限られた時間の中で行い、お客さまに対して誠意を込めようとすることです。

逆に手を抜かれたと感じて喜ぶ人などいません。人の心が離れていくのは、手間を省かれたと感じた時です。ですから生産性や効率に振り回されずに、目の前の人に全力で取り組みましょう。

手間をかけてあげるということは、相手に本気に思っていることを伝えるということなのです。もしかしたら、手間をかけて相手を喜ばそうとしている本人が一番ハッピーなのかもしれません。手間とは、愛情の証しなのです。

もう１つの柱は、「利他の心」、相手の立場になってあげることです。

例えば、お客さまの都合で早朝に対応することや、営業時間外であっても、ご希望があれば応対させてもらったりすること。えてして自分の都合で仕事をしがちですが、常にお客さまの立場に立って、お客さまにとって最善を尽すこと。たとえその時に少し損をしたとしても、お客さまにとって最善を尽すことが、お客さまとの信頼関係を生み、その信頼関係が深まります。お客さまから見て、信頼の先にあるものこそに価値を感じていただけるのです。これこそが価格を超えた価値の創造となるのです。

こんな経験がありました。

ある時、コンビニで牛乳を買ったのですが、レジで支払いをしていましたら、その店員さんが私に、「お客さん、運が悪いですね。古い牛乳を選ばれていますよ。先ほど新しい牛乳が届きましたから、取り替えてあげますね」と笑顔で言って、私が手にとった古い牛乳を新しいものに替えてくれたのでした。もちろん、ボクは感動しました。この店の大ファンになったのです。今では、遠回りをしてでもそのコンビニで買い物を楽しんでいます。もう何年も経っていますけれど…（笑）。

お客さまから見て、自分の立場に立ってもらえたと感じた時、自分の利を考えてもらえたと感じた時にとても強い信頼関係ができるのです。

そして、最後の柱となるのは、「自分たちの心のコンディションを常に整えておくこと」です。

さまざまなおもてなしや気遣いをするうえで忘れてはいけないのが、働く一人ひとりの自分自身の心のコンディションを良くしておくことです。お客さまへの笑顔やあいさつ、気遣いをするうえで、まず自分自身の心が豊かで明るく元気でないといけません。

もちろん健康管理も必要ですし、プライベートの充実も必要となってきます。

ですから、良いおもてなしをしようとする人は、休日をしっかりとり、良いものを見て、良いものに触れ、良い人に出逢って、充実した日々を過ごしておくことが必要なのです。

そこで私どもには、スタッフにプライベートを充実してもらうためのプログラムがいくつかあります。

例えば、評価の高いホテルや店へ行って体験するプログラムを実行したり、日々の充実で一番大切だと思う家族孝行をするプログラムもつくっています。親孝行のための「親孝行有休」や、家族の大切な日の休日を「メモリアルホリデー」として設けています。

また、仲間同士でも、お互いのことを気遣い、アドバイスしたり相談にのってあげたりして、各自でみんなの心のコンディションを良くすることを心がけています。

朝礼と夜の終礼もかかさずに行い、そこでも各自の心を大切にしています。朝礼では各自の体調を報告し合い、1日1話「心に残るような良い話」を発表したりして、ここで少しでもみんなの心がやさしく豊かにリセットされることに努めています。また、終礼では、なるべくマイナスなことは言わないようにしています。「今日のファインプレー」とか「今日の主人公」と題して、良かったことのみを発表して、1日の終わりを感謝で締めくくり、明日に嫌な気持ちを持ち越さないように努めています。

細かなことばかりですが、このようなことの積み重ねにより、働くみんなが、最高のおもてなしのできる状態をつくり出しているのです。

「朝は希望に起き、努力に働き、感謝に眠る」というように、朝は希望で目覚めることのできるようなプライベートにしなくてはいけません。そして仕事のはじまりである朝は、みんなで一生懸命に街の掃除をし、朝礼などで心をより美しく豊かにして仕事に挑《いど》むこと。そして仕事が終わった後は、終礼にて良いことを数え、帰宅した時には今日に感謝できるようにする。そして、感謝の気持ちでしっかり睡眠をとる。こうして、最高のコンディションで仕事に臨むことです。

これら4つの柱を軸として、お客さまに少しでもハッピーになってもらおうと心がけていました。その結果、さらにお客さまが増え、評判になっていったのです。

ES（従業員満足）の極意

どんどんスタッフ数も増えてきました。さらにレベルの高い「お客さまハッピー」を実行し続けるために、というよりも、お客さまハッピーの前にやらないといけない仕事が、もう1つの改善の柱になります。

それは、働く人のやりがいや幸せをつくっていくことです。数十年前の失敗の時に心に決めたことです。

「売上や業績より大切なもの。それは、働く人が楽しく働ける会社づくりである」

働く人の幸せなくして、お客さまの幸せはないのですから……。

そのためには、一人ひとりにやりがいを持ってもらうこと、価値観の共有を徹底することです。

いくらすばらしい対応やおもてなしができてきたからといって、それに満足せず、常に進化させるためには、お客さまと同様に、働く人一人ひとりが日々ハッピーで、全力で仕事に取り組める状態が先に整っていないといけないからです。顧客第二主義とまではいいませんが、まずは働く人一人ひとりの心を豊かにすることに全力で挑んだのです。

そのために行ったことは大きく分けて次の2つです。

その大きな柱の1本は、「より良い人間関係をつくる」ことでした。

まずは、ボクが、一人ひとりのスタッフとコミュニケーションをとることからはじめました。スタッフとその家族にバースデーレターを出すこともしました。そこには、心情的なものと仕事に関するものの2種類を書くようにしました。

中でもスタッフのご主人や奥さまには、本人を働かせていただけているご理解と応援くださっていることの感謝をしっかり伝えるようにしました。なぜなら家族円満の延長線上に職場があるからです。

手紙を出すようになって最初の1年目は何の変化もありませんでしたが、2年、3年と経つにつれ、スタッフ一人ひとりとの絆は深まり、スタッフの家族との信頼関係はより強固なものになっていきました。

私の手紙をみんな大切に保管してくれているので、私も手紙を出す前にコピーをとり、大切に残しています。15年以上前の手紙も残っており、最近では、手紙を書く前に今までの手紙を読み返すのですが、読み返していると泣けてきて、涙ながらに手紙を書くこともしばしばです。

退職している人にも手紙を書いています。今は共に働いていなくても、そのスタッフが働いてくれた時間の累積が今のバグジーをつくってきたのですから、感謝の気持ちを込めて書いています。会社の使命が、「働く人を人生の勝利者にすること」だとしたなら、退職した人への思いも持ち続けることが道理だとも考えています。

とにかく、人間関係を良好にするには、「コミュニケーションの量」が大切です。量は質に転化するというように、コミュニケーションの量こそが、人間関係を良くする道です。最近ではメールやＬＩＮＥなども使って、コミュニケーションをとることもよくあります。

また、入社年度別のスタッフと定期的な食事会をしたり、子どもを持つママさん美容師スタッフだけの食事会をしたり、ポジション別（役職別）の食事会も行っています。ほぼ毎日のようにスタッフとの会食を続けることで、よりフラットな組織となり、信頼と絆が深まっていきました。

社員全員でのコミュニケーションも多く行うようにしました。一見してムダに見えるかもしれませんが、運動会やサマーキャンプ、クリスマスボランティアや忘年会など、

2か月に一度は全員が一同に集まり、思い切って楽しむようにしています。

やはり組織で一番大切なのは「人間関係」です。良き人間関係の中で働けるということの幸せは格別であり、従業員のやりがいの最《さい》たるものだと考えています。いろんな垣《かき》根《ね》がなくなり、意見が出やすくなったり、相談相手が多くできたことなどによって、人間関係のトラブルはほとんどなくなりました。さらに、業績達成への団結力は強くなっていくのです。

もう1つの柱は、「学習文化をつくり上げる」ことでした。

やはり、学ぶ量とモチベーションは比例するものです。ですから、勉強する量と場を増やすことで、一人ひとりの心が耕され、養われていくと考えました。

話は少し戻るのですが、倒産寸前になった時に出逢ったお寺の和尚から、

「学びが少ないから、やさしくなれないのです。リーダーといわれる人は、勉強しないと利己主義となり、学べば、優秀という文字の通り、やさしさに秀でて人の和をとる

ことができるものです」と言われたことがあります。

それまで読書などまったくしなかった私ですが、年間200冊と目標を立てて実行したことで、少しですが、やさしくなれ、利他の心が身についたように思います。私自身にもこのように経験があったので、特にこの学習文化をつくることの重要性は身を持って理解していました。

まずは、全員で読書をしようということになりました。自分で読んだ本の中で良いと思ったものをみんなで読んだり、特に良い部分をコピーして配布したりしました。また、みんなで本を持ち寄り、スタッフ用の本棚をつくって自由に読める環境にしました。

この読書推奨によってスタッフの知性も上がり、一人ひとりの考え方の共有もできてきました。読書は人生に大きな実りを与えてくれるものです。読書することで、偉人賢者の先輩たちの人生を疑似体験でき、判断力や考え方を学べます。また光り輝くすばらしい言葉に触れることで、表現力や説得力もつくのですから、読書は強制的にでも、やるべき勉強法です。

もう1つの勉強法として、ベンチマークといわれる「優れた企業や人を見て学ぶ」を行いました。

例えば、優れた会社や人を紹介したテレビ番組をみんなで見るビデオ観賞会をはじめました。また、自分たちで食事をしたり旅をする時も、必ず評判の良いところを選んで、実際に体験することも続けてやってきました。

これは、笑い話になりますが、第1回目のビデオ観賞会の時のことです。ビデオを見終わって暗くしていた部屋の明かりをつけましたら、全員が寝ていたことがあります。怒るどころか、呆れて笑いが出ました。でも私は、あきらめるどころか燃えてきました。「今までのボクの教育の悪さが、この現実をつくっているんだ。ならば、みんなが良い映像を見て、全員が涙するまで、あきらめずにやり通そう」

そう決意して、今もこのビデオ観賞会は続けています。

この読書とベンチマークによって、スタッフみんなの意識は変わっていきました。価値観の共有が生まれてきたのです。学習文化を構築することでスタッフ全員の心は1つになっていくのです。人間関係を良好にし、学習文化によって一人ひとりの心を養い、働く人のやりがいやモチベーションはつくられていきました。

会社の中に「助け合う力」が根付き、愛で一杯になっていくと、さまざまな感動的なことが起きるようになりました。

スタッフの家族が病気やケガで入院したと聞けば、その日に全員で集って千羽鶴を折って病院に届け、ご家族から泣きながらお礼をしていただいたこともありました。

また、辞めたいという後輩を何百キロも車を走らせて迎えに行ってあげる先輩が出てきたり、遅刻する部下のために目覚まし時計を買ってあげる先輩たちがいたり、仲間の結婚式のために全員ですばらしいＤＶＤ映像を作成して、ご両親や親族の方が感動してくださったりと、愛の溢れる店となっていきました。

その溢れる愛が、お客さまへの真心のおもてなしとなって行われるという、奇跡のような店づくりになっていったのです。

評価基準の改善と見直しの重要性

これを維持、進化させていく上で、ほかにも大切なことがあります。それは「評価基準の改善」と「定期的な見直し」です。

「評価基準の改善」とは、売上げや業績ばかりを評価せず、「お客さまに対して頑張っていること」と「仲間同士の良い関係と良い行動」に光をあて、褒めてあげ、評価してあげる事柄を多くしていくことです。

そうでないとせっかく築いたものも維持進化していかないからです。評価されるから、もっとやろうと思うわけだし、評価されるからこそやりがいを感じるのです。この評価基準とは、会社の品格であり、働くみんなの道しるべになるのです。

また、「定期的な見直し」とは、毎月1回の幹部会と年2回の合宿という型で、「顧客満足」と「働く人のやりがい」についての状況と改善を話し合っていくものです。繰り返し行うことで軸のぶれないものになっていきます。もちろん私も参加しますが、外部から信頼のおける方に参加してもらって行うことが望ましいと思います。

なぜなら、客観的な視野での見直しが必要なことと、全体をより高い次元に導くためには、経験的にも人格的にも優れた方の参加が不可欠だからです。

運良く私には、尊敬に値する友人がたくさんいますので、その中でも最も信頼し尊敬できる伊藤豊さんと北田礼次さんに参加していただいています。お二人とも、日本を代表する指導者であり、メンターであり、20年来の心友でもあるので、お願いしてご指導いただいています。


この毎月の勉強会と年2回の合宿は、すばらしい結果を維持し、進化させる節目となっています。

「お客さま満足」と「働く人のやりがい」を徹底することによって、「人の喜びの中で生きていく」という風土ができ、それを評価と見直しによって維持・進化させてきたのです。

第4章 ●リーダーの条件―修己治人

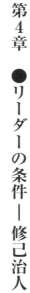

リーダーの育成

こうして、車に例えると「お客さまハッピー」という前輪と、「働く人ハッピー」という後輪ができ上がり、後は、その車のハンドルを握るリーダーの育成が必要となることは必然です。

そこで、同時にリーダー育成にも力を注いできました。リーダー育成で最も大切なことは、「後姿で見せて教える」ということです。百の理論より、1つの実体験です。リーダーやリーダー候補者には、日々の大切な判断や行動を見せて伝えることを徹底し、充分な時間を使ってリーダーとしての考え方を語り伝えます。

「見せる」と「伝える」が多ければ多いほど、身となり、その後の応用力につながります。リーダー育成には、長い時間をかけなければ真のリーダーにはならないと考えています。

話は前後しますが、リーダーを決める時に注意すべきは、実績の良し悪しや年功序列で決めたりしないことです。あくまでも、その人の人柄や、周りから人望のある人を選出することです。なぜなら、リーダーは、部下から尊敬されないといけない人だからです。業績が良いこと、年功序列であることは、部下から尊敬される絶対条件ではありません。それよりも、その人が部下から尊敬され得る行動や言動が日々できる心の持ち主かどうかが大切なのです。

毎日限りなく起こる問題を、「対処するのではなく解決する姿を見せること」と「数えきれないほどの語り合いで価値観を共有すること」。この２つを徹底し続けることで現リーダーから次期リーダー、そしてその次のリーダーへと、揺るぎないリーダーシップが受け継がれていき、軸がしっかりし、さらに進化し続ける組織となっていくのです。

それを15年ほど続けて、私どもバグジーには、すばらしいリーダーが生まれました。ハチ、竜ちゃん、モトキ、カン太、ユウスケ、ゴマキ。そして各店のすばらしいマネージャー、店長、チーフがいるのです。このリーダーたちがハンドルをにぎり、「喜びの中で生きる」組織は運営されているのです。

とはいえ、このすばらしいリーダーたちを束ねるのは私です。長である私が進化し成長しないと、すべてがダメになります。「修己治人《しゅうこちじん》」とあるように、まずは私自身が成長していかないと、すべてはうまくいかなくなります。その組織の長として、心がけることが3つあります。

良き人間関係を持つ

まず1つ目は「良き人間関係を持つ」ということが、自己成長にとても重要なことだと思います。師はもとより、良き友人を持つことも大切です。道を誤ったり迷ったりした時に必要なのです。あまり言葉は良くないかもしれませんが、「良いコネ」を持つことです。

私は、この良いコネにいつも導かれ、助けられ、なんとか歩んでこれました。ですから、特に強調してお伝えしたい事柄です。

これには、たくさんのエピソードがあるので、いくつか紹介させてください。

よくお褒めの言葉をいただくようになって、現状に満足しかけた時期がありました。そんな時、ホスピタリティの日本での第一人者、私の尊敬する力石寛夫先生にお逢いした折に尋ねてみたのです。

「先生、ホスピタリティの究極とは何でしょうか？」

私は、すごく高度な答えを求めていました。今思えば、それは自分ではホスピタリティがほぼできているという傲《おご》りがあったからだと思います。

先生の答えは衝撃的でした。

ほほ笑みながら、「笑顔とあいさつと立ち居振る舞いですよ」とおっしゃったのです。

ぼくは、打ちのめされた思いでした。

「そうか、どこまでいっても、やはり基本なんだ。当たり前のことに徹底的に情熱をかけることなんだ」と心を改めました。

その日から、初心に帰り、基本の徹底をしました。えてして、手法にばかり心を寄せてしまいがちですが、やはり基本なんだなぁ、と軌道修正をしていただいたのでした。

また、こんなこともありました。

どんどんお店が繁盛して地域でも評判になり、出店の話やお誘いがたくさん集まってきた時期に、私は性懲りもなく調子に乗って、一番古いお店・中間店《なかま》を移転・拡張することに決めました。それをスタッフに伝えた時、ほとんどのスタッフは賛成したのですが、リーダーのハチだけが猛反対。その次の日には「中間店のスタッフから話がありま す」との意見があり、聞いてみました。

「社長がどうしても、とおっしゃるのならしかたありませんが、私たちのお店のお客さまはお年寄りが多く、特に数人のお客さまは身体がご不自由な方で、ご家族もおられなく、徒歩で来てくれている方がいるんです。移転するともう来れなくなってしまうので、その方たちだけでも、車の送迎をさせてください」

ボクは自分が恥ずかしくなりました。現場のみんなが、こんなにお客さまのことを親身になって考えてくれているのに、本当にバカな経営者だな、と反省しました。みんなに謝り、移転拡張は取りやめにしました。普段おとなしいスタッフたちの渾身の想いに、改心させてもらったのでした。

このような過ちや気の迷いを、いつも周りの人たちから諭《さと》され、気づかされてやってきました。すべての決定権を持つリーダーは、良い人間関係を持つことで、軸のぶれないリーダーでいることができるのです。

良きブレーンを持つことは、人生の成功のキップを手渡されたと同じことなのではないでしょうか。

また、後輩から学ぶことも数多くありました。あの東北の大震災の時の出来事です。

私の弟子にジョーという理容室オーナーがいまして、そのジョーが、あの震災の数日後にやって来ました。

「先生の行動力はすごいから、きっと東北まで行って支援物資を持っていったり、現地で支援活動をされるだろうと思ったので、ぜひお供させてください」と言うのです。

正直、震災後の１週間目に現地まで行くことは考えていなかったので、私は反省すると同時に燃えてきました。

「ならば行こう！」ということになり、トラックを用意して、みんなで集めたお金と物資を積んで、北九州から女川、石巻まで行ったことがあります。この経験もまた、私を奮い立たせ、忘れかけていた行動力を取り戻すことのできた出来事です。

良きリーダーには、良き人間関係が必要なのです。良き人間関係に支えられ成長していくものなのです。

常に明るく積極的であること

組織の長としての心構え、2つ目は「常に明るく積極的であること」です。

リーダーは常に明るく、心の中に喜神《きしん》を持つことが必要です。なぜならリーダーの仕事で最も大切な「場の雰囲気をつくる」ために、常に明るく前向きでなければ、場の雰囲気を良くすることはできないからです。「リーダーが来ると場の雰囲気が良くなる」とか、「リーダーと逢うと不思議と明るく前向きな気持ちになる」というリーダーでないといけません。

逆に、「リーダーが来るとみんながピリピリした空気になる」とか、「リーダーと逢うと畏縮《いしゅく》してしまう」というのでは、全員の能力を１００％発揮させることはできません。

また、順調な時はさほどの差は出ませんが、不調や逆境の時こそ明るく積極的なリーダーが必要となるのです。なぜなら、そもそも明るく積極的なリーダーは、不調や逆境を難しく重く不可能なことと捉えず、ひるむことなく取り組むことができるからです。その姿勢が周りのみんなを安心させ、奮い立たせることになるのです。

そして、いかなる問題や逆境も乗り越えられると信じているからこそ、あきらめずに打つ手を無限に考えて行うのです。ですから必ず高い結果を出したり問題解決することになるのです。

これが逆で、消極的で暗いリーダーは、最初からできないのではないか？　と疑心暗鬼からスタートしてしまうので、周りの覇気《はき》もうせ、不安にしてしまいます。このタイプのリーダーは、できない理由を集めることばかりになりますから、目標も低く、その結果、行動量、努力量も少なく、結果が出せずに問題をただ対処するだけに追われてしまうのです。ですから、リーダーは常に明るく積極的な精神を持っていなければなりません。

それに、明るく前向きな人は、人から好かれ、人が集まる力を持っていますから、仕事だけでなく、どこにいて何をやっていても必要なことでしょう。

では、どうすれば明るく積極的な精神を持つことができるのでしょう。気をつけることが2つあります。

その1つは「言葉に気をつける」ということです。日頃から決してマイナスな言葉を使わないように気をつけるのです。

「頑張らないからダメなんだ」ではなく、「頑張ればすごく◯◯なんだよ」というように、プラスの言葉を使うことを心がけます。言葉に気をつけていると、自然と心もそれに準じてプラス志向になるものです。

もう1つは、明るく前向きな人たちと付き合い、交わるということです。自分の周りの人たちが明るく前向きであれば、その心がもっと強くなっていくからです。マイナス志向の人と交わったり、付き合う時は、同情してあげてもいいけれど、同調しないことを心がけなければいけません。

いかなる時でも、明るさを忘れずに、何事にも積極的になる。これぞリーダーの条件です。

自らの生活習慣を改善する

長としての心構え、3つ目は、「自らの生活習慣を改善すること」です。やはりリーダーとは、まずは自分自身を修めることです。なぜなら、日頃の行動や言動を見て周りの人たちは尊敬に値するか、信頼できるかを決めるわけですから、まずは自分自身の生活習慣を改善することです。

生活習慣の改善は数えきれないほどありますが、その中でも大切なことをいくつかあげてみましょう。

1つに「早起き」です。やはり朝早く起きて1日をスタートすることは、とても大切なことです。早起きすると時間と心に余裕が生まれます。余裕ができれば、身だしなみにも十分配慮できますし、家族同士でも穏やかにやさしくできるはずです。時間的に余裕があれば、朝から少し読書したり、香りを楽しんだり、美味しいコーヒーやお茶を楽しむこともできるでしょう。家を出て仕事場に向かう間もあせることなく、運転も穏やかに譲る心すら出てきます。そうした1日のはじまりを持つ人は、朝から笑顔で100％仕事に打ち込めるのです。「朝を制するものは人生を制する」との言葉どおりの良い習慣です。

もう1つは「読書の習慣」を持つことです。読書は心の栄養剤のようなものです。常に読書を自分の人生に取り入れている人は、読書から得られるエネルギーで、モチベーションを維持することができます。

また当然ですが、読書により学びがあるから自分が成長することにもつながります。さらに数多くの未知の情報や出来事を知っておくことは、会話の時はもちろん、何かを判断する際の役にも立ちます。私などは学校もろくに行っていないものですから、この読書のおかげで、やる気を維持し、進むべき方向を見定めることができているのです。社会に出たら学歴はあまり役に立つとは思えませんが、読書は役に立ちます。読書により得た学力は、人生にとっての羅針盤になってくれるのです。

ほかには、「欲をコントロールする習慣を身につける」ことです。欲にふり回されていたのでは良い人生は歩めません。例えば、欲しいものがあったとしても身分不相応にならないように気をつけたり、食にしても食べ過ぎて体調を壊さないことや、お酒の飲み過ぎで人に迷惑をかけるようではいけません。ギャンブルにおぼれてしまう人も多いようですが、やはり、まず自分の欲をセルフコントロールできるようになることです。特に周りから見て、欲のコントロールができずに欲にふり回されている人は、尊敬されるどころか嫌われ、軽蔑されることになるのです。

やはり、人の上に立つ人は、欲を自由自在にコントロールできる人でなければなりません。

また習慣と呼べるのかわかりませんが、「親孝行」もその1つだと思います。親を大切にする習慣を持つ人は、立派な人です。この世の中で一番大切にすべき人を大切にしてなくて、仕事、結婚、恋愛すべてうまくいくはずもありません。親孝行を常に行うことで、信用されることになります。親が子どもに一番教えてあげなければいけないことですし、自分の後輩や部下にも、一番教えてあげないといけない大切な習慣だと思います。

親の喜ぶ姿を見るのは本当にうれしいことですし、自分のくすんだ心が少し清らかになった気になるものです。親が生きてくれている間に、精一杯の親孝行をしましょう。

そんな当たり前のことばかりですが、正しく美しい生活習慣を身につけることが、リーダーには必要なことです。

三方よし

話は少し変わるのですが、良い会社の条件に「地域貢献」という考え方があります。この考え方は、古くは近江の「三方よし」で知られるように、とても大切なことですし、私どもが全力で取り組んだことの1つでもあります。

貢献という言葉が、偽善と感じたり、とても高貴なことと考えている人も多いようですが、そうではなく、地域の方と仲良く、共に協力することではないかと私どもは思っています。

例えば、朝、店の前を掃除する時に、できることならお隣の店前の掃除もさせてもらったり、町内で取り組む行事などには必ず参加したり…。そういうことをきちんとやることだと思っています。ですので、朝は全社員で、時間の許される範囲で街の掃除をしたり、地元のお祭りには参加したり、支援したりすることを常に行っています。

また、自分たちが仕事でいただいたお給与は、できるだけお店の近くで使うようにしたり、自店のお客さまのお店を利用するように呼びかけて、実践しています。会社同士の取引や業者の選定の際も、できるだけ地元の方とするようにしています。いくら物や条件が良かったとしても、遠く離れたところとの取引やビジネスは、決して地域経済のためにはなりません。地元で頑張っている方々との経済の循環によって共栄がもたらされるのですから、大切な考え方ですね。

自社のことだけを考える人たちが集まっても、地域の活性化は生まれません。少しでもその地域のお役に立ちたいという気持ちが多くなればなるほど、地域全体が良くなり、ひいては自社に繁栄として返ってくることになるのですから…。

私ども北九州には、とてもすばらしい会社がたくさん存在します。そういうすばらしい会社をよく見ればわかるはずですが、必ずその会社の存在が周りを豊かにしています。言い換えれば、「周りを幸せにした総量」が会社の繁栄として映し出されているのではないでしょうか?

ですから、私どもは、設備投資から印刷物、取り扱う商材のすべてを地元の企業にお願いしています。また地域の方の行事やイベントに参加し貢献することで、少しでも地域が良くなることが、良い評判をつくり、その評判がお客さまとなって返ってくるのです。


地元にある施設への貢献も、できる限り行っています。老人ホームでの定期的なボランティアカットの実施や、孤児院への定期的なボランティア活動も行っています。そういう活動も、かれこれ20年近くやってきて、やっと最近わかったことがあります。こういうボランティアや地域貢献を行うことで、させていただいている私たちのほうが「仕事の喜び」や「美しい心」に気づかせてもらえているということです。

ただ自分の利のために働く人たちとは違い、仕事に対する自信や自分自身の存在意義が芽生えて、誇り高き人が育つ土壌をつくっているのです。地元の方々から好かれ、かわいがられて店は育っていくものなのです。地域に根付き密着した会社をつくることこそ、商いの原点といえるでしょう。

そうしていると、今までよく起きていた社内での問題やトラブルが、不思議となくなってくるのです。それは、地域の方へのお役立ち活動によって、自分たちの心が整い、養われた結果、「許し合い」「助け合い」が社風となり、トラブルや問題の原因を根絶できたからでしょう。

第5章 ●人財育成と組織の進化

心のレベルアップをする――初等教育の重要性

「お客さまに対して」「働くスタッフに対して」「リーダーに対して」「地域の方に対して」という4つのことをお話してきましたが、忘れてはいけないもう1つの柱は、人財育成についてです。

企業の目的は、人財育成だと私は思っています。企業の価値にはいろいろな側面があると思いますが、最終的には「人間尊重」だと考えています。そこに関わる人すべてが、会社を通じ、仕事を通じて人間的に成長することが、人間尊重の経営だと思うからです。

私どもが考えて行った人財育成にも、いくつかの軸があります。

その1つが、初等教育の重要性です。入社して最初に行う教育が人を育成するうえで重要なのです。入社してすぐに現場に出したり、軽く形式だけの短期の教育で済ませてしまうと、基礎のできていないスポーツ選手のように、良い人財には育ちません。ですから、私どもでは、入社後1年間で千時間という教育時間を義務づけて教育をします。

年間千時間といえば、月に80時間強の教育時間です。1日に3〜4時間を営業時間内に行うということです。

これは、「言うは易く行うは難し」ですが、これくらいの初等教育をすることで、心の基礎体力がつき、将来明るい人財になっていきます。技術（スキル）面の教育はもちろんなのですが、考え方や思想などの基本を徹底的に行うのです。「感謝とは」「謙虚とは」「努力とは」といった内容の勉強会を反復して行うことによって、一人ひとりの心のレベルをアップしておくことが初等教育です。入社して1年余りで心のレベルの上がったスタッフは、その後著しい現場力と成長を見せることができるのです。

キャリアパスプランの明確化

次に人財育成の軸は、「キャリアパスプラン」といわれる成長プロセスを明確化し、示すことです。今から3か月後にはこの仕事ができるようになり、1年後にはここまで、2年後には…、3年後には…、5年後には…というように、自分が現状どこまでできていて、あとどれくらいで次のステップに行くことができるのか、何年後には…というように、成長実感と自分の未来予想図ができてくるのです。それによって、働く安心感と、勉強のやりがいを感じるのです。

このキャリアパスプランの節目として、私どもでは5年おきにイベントも行っています。例えば、入社5年目はスタイリスト（カットができるようになること）になっていますので、これからは、もっと良い仕事ができるように、最高のおもてなしを体験しようという企画で、インドネシアのバリ島に行くようになっています。そこで最高のおもてなしとスパマッサージなど体験してもらい、そのうえで自分のお客さまにバリ島からエアメールでお便りを書くのです。このような体験から、一流のスタイリストのあり方を実体験させて、さらなる次のステップの励みにしています。

10年目には、屋久島へ行き縄文杉登山を全員で体験する旅行をします。10年くらいのキャリアになりますと、各自が各店のチーフクラスか各部署のリーダー格になっています。同期生や仲間とのコミュニケーションが不足したりポジションによる重圧などがありますから、それをリセットし、仲間とのこれまで10年の道のりや思い出を取り戻し、またさらなるステップアップの励みにするためのものです。

そして、15年目は北海道に、20年目はハワイと、各キャリアに合わせた節目をつくることで、自己成長の証しをつくっていきます。

このようなプログラムがあることで、長期雇用への安心感と、今までの成長実感をより感じられ、安心して働き学べる環境にしています。

個性に合わせた幅広いプログラム

もう1つ、人財育成で大切にしているのは、各自の個性や長所に合わせた幅広いプログラムを持つことです。

スタイリストになって以降は、自分でさまざまなプログラムを受けることができるようになっています。例えば、メークを学びたい人のためのメーク教室や、ウエディング分野に進みたい人のための着付けや日本髪の教室もあります。またネイルの教室もあります。

さらに将来のための教室も行っています。講師を目指す人のための勉強会、経営者になるための勉強会、マネジメントの勉強会と、さまざまなプログラムを整備することで、自分らしい自分の将来のための環境を整えています。この幅広いプログラムが長期的な人財育成の場をつくっているのです。

「働く人が成長した分、会社が繁栄する」という型ができ上がってくると同時に、働く人一人ひとりの長所を伸ばし、さまざまな人財育成ができるようになりました。

心（価値観）の教育

人財育成で忘れてはならないのは、「心の教育」です。えてして、育成の中心に「能力」（スキル）をおいて力を注ぐ傾向がありますが、これはとても危険なことです。能力ばかりの教育が先行してしまうと、仕事や業績はできるけれど、周りとの協調性がなく、大切なことを忘れたまま成長し、業績だけの上司ばかりをつくり、組織がダメになっていきます。

ですから「能力」（スキル）に合わせて、同時に心（価値観）の教育を行っていく必要があるのです。私ども美容業でいえば、教育プログラムは、「技術の勉強」↓「労務の勉強」↓「心の勉強」というようになっていますが、能力と心の育成をバランス良く、同時進行というよりも、心の育成のほうが先行するくらいに行う必要があります。そうしないと、勉強はできるけれども後片付けができない人や、教えてもらったのに感謝できない人などになってしまいます。さらなる厳しい内容に耐える力もつきません。

やはり一流の人財を育てるためには、能力と心を表裏一体とすることです。「仕事のできる人は人柄も良い」という育成目標が必要なのです。能力が仕事力だとして、心が人間力ともいえます。そう考えて仕事力と人間力の相互のバランスが大切だということです。

私は、人財を4つのタイプに分けて、教育または再教育をしています。

A．仕事力もあり人間力もあるという理想的な人財

B．仕事力はあるが人間力が劣っているという人財
C．仕事力はないが人間力はあるという人財
D．仕事力も人間力もない人財

当然Bの人には心の再教育、Cの人には能力の再教育を行う。またDの人へは能力と心の再教育を行うということです。そして、すべての人財をAになるようにする。これこそが、一流のスタッフをつくることなのです。

ちなみにボクの経験上、Bの人の再教育が最も難しく、Cの人の再教育はすごくやりやすくて、短期にAになることができます。そのことから考えても、能力教育が先行ではなく、心教育が先行もしくは同時の育成が望ましいのです。

心の教育の内容は、躾《しつけ》に似ていると思います。「あいさつをする」とか「掃除をする」とか、「努力を惜しまない」「素直であること」「目上（年上）の人を敬うこと」などという躾のようなものなのです。何が良いことで、何が良くないことなのか？　どうすることが最善で、どうすることが最悪なのかという価値観を身につけることが心の教育で

す。人財育成でしっかり能力と心を織り込んでいくことで、一流の人を育てることができ、会社の風土というものが構築されることにもなるのです。

また、このようなバランスの良い育成によって会社内のモラルも上がり、人間関係のトラブルもなくなります。無責任で自己的な退職もなくなり、その結果、楽しい職場ができ、人財不足に悩まされることもなくなっていくのです。

進化し続けること

このように「お客さまに対すること」「働く人に対すること」「地域の方に対すること」「人財育成に対すること」をしっかり続けていくことで、今までやってきました。そして仲間と共に大きな成長をすることができたのです。

今思い返しても、人生山河の如くで、山あり谷ありの連続であるにもかかわらず、現在までたどり着いたのですが、大切なのは今からです。昨日でもなく明日でもなく、今日が大切なのです。今日、今目の前にあるものに向き合い、努力してこそ、未来があるのです。進化し続けていくことです。

「生き残る者とは、強き者ではなく、変化し得る者だ」といわれるように、現状や時流に向き合い、改善し変化し進化していくことが一番大切なことだと感じています。30年、50年、100年と繁栄し続けるためには、進化し続けなければいけないのです。この進化するために必要な事柄がいくつかあります。

まずは、「しっかりとした理念を持つこと」です。

しっかりと明確な理念、ビジョン、方向を持っているからこそ、変化をおそれずに進化していけるのです。例えば「働く人を幸せにする」という理念やビジョンをしっかり持っているからこそ、その時その時々の働く人の幸せを築き、新しく働く人の行動や改善ができるのです。変えざるものを持っているからこそ、変われるのです。定まらない理念やビジョンでは、変化を見落としたり、変化に向き合う勇気や使命感を失うことになってしまいます。

「行き先の港を持たない船は、どんな風も追い風にできない」という言葉が、これを端的《たんてき》に表しています。理念・ビジョンという行き先があるからこそ、風に合わせて力強く帆を持ち、切り変えることができるのです。

また、「現状に満足してはならない」ということです。よく、満足は腐敗であるともいわれるように、満足した時点で、進化どころか後退しているのです。現状に満足することなく、常に危機感を持ち、もっと高みを目指すことを忘れずにいることです。満足を感じて安定を望む心を排除して、特に結果が良かったり、賞賛を浴びたり順調な時こそピンチだと感じるくらいの心構えがないと、進化し続けることはできません。

逆に、堅実過ぎるというのも進化を妨げてしまいます。堅実ということはとても良いことですが、堅実過ぎるとリスク計算ばかりに気をとられ、進化を妨げてしまいます。また堅実過ぎると十分な進化ができず、中途半端な進化に終わってしまうことがしばしばあるのです。

例えば、家を建て替える必要があるとした時、リスク計算ばかりして、中途半端な部分改築しかせずに、結果として、何度となくそれを繰り返してしまう。結果、リスクだけが残ってしまった、などという話はよく聞くことです。また石橋をたたき過ぎて機を逃し、進化に乗り遅れてしまうということもあります。進化にはタイミングというのも大事なのです。堅実になり過ぎると時代遅れとなり、勢いも失われてしまいます。

また、過去の成功事例を引きずって進化できないということもよくあります。過去の成功があればあるほど、進化できない理由をつくってしまいがちです。

それを証拠に名のある企業が、名があるだけに変化をおそれ、衰退してしまったという事例はたくさんあります。それに似て、高学歴や社会的地位を持ち高い業績を残した人ほど、変化を嫌い、進化できずに没落してしまう、などということがよくあるのも同じような現象なのでしょう。

進化に大切なファクターの中に「情報に長《た》けている」ことがあげられますが、ゲゼルシャフト（利益社会）な組織ほど、トップに真の情報が集まらず、情報不足から変化に気づかず、進化することができないということがよくあります。このような真の情報不足にならないように、フラットな組織にしておかないと、ボトムアップされなくなってしまいます。できる限り、現場や末端の真の情報がボトムアップされやすい、風通しの良いフラットな組織にしておくことが進化する組織の理想の型となるのです。

進化し続けるために必要なことで、最後に忘れていけないのは、「リーダーに圧倒的な情熱があること」でしょう。

何といっても、やはり組織の進化とは、トップの情熱の有無にかかっています。個人の進化については、自分自身の情熱の有無にかかっています。やはりトップに立つ人の持つ溢れるほどの情熱が、失敗をおそれず、今に甘んじることのない進化を推し進める原動力（エネルギー）になるのですから…。

溢れるほどの情熱はどこから湧いてくるのかというと、限りなく高い理想を持つところから湧き出てくるのです。ですから、リーダーに必要な情熱には、限りなく高い理想を持っていることが不可欠です。

この進化し続ける組織、進化し続ける人に終着点はありません。どこまでやっても終わりがないのです。

限りなく高い理想（展望）を持つ

だからこそ、今一番大切なことは、今を捨て、創業の精神に立ち戻ることです。すべてのことに陰と陽があるように、企業もまた必ず、創業しそれを守成し衰退を迎える。その衰退をまた創業の精神でしのぎ切る。そして勢いある創業期、それを進化させ続ける守成にしていく。

その創業の精神に必要なものは、「限りなく高い理想（展望）を持つこと」と、「人間尊重を軸とする確固とした社風（風土）をつくること」。この2つに全力で取り組むことです。

まず、「限りなく高い理想、展望を持つこと」。そのためには、遠くをはかる必要があります。

とはいえ、１００年先の展望を持つほどの器量は持ち合わせておりませんので、せいぜい自分が生きている間くらいの展望は持っていないといけないと思っています。今の私であれば40年先、いや30年先くらいの展望を持つことが必要となります。30年先にはこんな会社にしたい、なっていきたいという強い展望を持つこと。強く鮮明な展望を持つことができれば、そのための20年先が見え、またその20年先のための10年先がはっきり見えてきます。そして5年先、３年先、さらに1年先が見えてきて、今月が見え、今日やるべきことが不動のものになります。ですから私は、来る日も来る日も30年先をイメージし、30年先の奇跡のようにうまくいった理想のカタチを模索しているのです。

そして、おぼろげではありますが、30年先の展望のための10年計画を決定することができてきました。それがゆえに、今のままの進化・成長ではダメだと危機感を持っており、燃えています。バグジーという船の行く港ができたような心持ちです。この港が決まった以上、何度となく吹いてくるであろう強風に合わせて、思い切って帆を切り変えていける自信と期待を得られたような気がしています。気がしているだけの勘違いになっていないかと一抹の不安はあるのですが！（笑）

確固たる「社風」「風土」をつくる

そしてもう1つ、今の私のなすべきことは「確固たる『社風』『風土』をつくる」ということ。これがまた至難の技です。ある程度はこの30年でできてきたものの、この風土づくりは、農業でいうところの土づくりです。気を抜くわけにはいきません。じっくりと時間をかけてこねていかなければ、良い土にはならないのです。管理することやマニュアルではつくれないものなのです。

当たり前にみんなの明るいあいさつが飛びかい、仕事中も楽しみながら働け、困った仲間を助けたり、落ち込む仲間がいれば励ましてあげられる職場、そのうえで、一人ひとりに責任感があり、目標に対する達成意識が強い組織。きつく大変なことは、みんなで分担して軽減し、常にお互いを勇気づけられる仲間。それでいて、遊ぶ時は徹底的に遊び、楽しさを共有できるチームワーク。そしてそのチームの中心には、それを率先するリーダーがいる。利他の精神にあふれ、喜びの中で過ごせる環境。

これは、規模の小さな時、また少人数の時からコツコツと日々の出来事の中で培《つちか》っていかなければなりません。組織が大きくなってきたら、その風土のほころびに常に目を向けて軌道修正しなければなりません。そのうえで、変化を好み、失敗をおそれずに何事にもトライする精神を持てる。そんな風土をつくらなければいけないのです。

それができてきたなら、先ほどの農業に例えて「良い土をつくる」。そうすると、そこでは、良い野菜がたくさんできる。するとその野菜を求める人がたくさん集まるようになり、それを買い、買った方が幸せになる。そんな自然に写し出されたような組織を目指すことこそ、私の大きな大きな仕事です。

かつてのように、成果主義に虫食まれ、個人主義と拝金主義でみんなの心は荒れ、辞めてしまう社員が続出していた組織に戻らないように頑張る日々を過ごしています。二度と同じ失敗を繰り返さないために…。

たとえ、成長のスピードが落ちようとも、業績が大きく飛躍することがなくとも、働く一人ひとりの心が豊かで、働くことのやりがいを感じられて、毎日みなが楽しく働ける会社にしよう。十数年前に、お客さまのお嬢さまにひらがなとカタカナで手紙を書き、泣いて喜んでいただいたことを聞いたあの日に誓ったのですから。

あの時の決意に反することなく、この先10年、20年、50年と続けていきます。そんな風土をつくり上げるのは至難の技ですが、崩そうとすればすぐに崩れてなくなってしまうものです。

私から幹部へ、幹部から後輩へ、またその後輩から後輩へ、そして今日入社してくれた新入社員へ伝承していくこと。それも徹底的に伝承していって、まだ出逢っていない未来に共に働く人たちへと色濃く伝えていけることを念願しています。


実は昨年もこんな心温まるエピソードがありました。

クリスマスの夜に黒崎店の責任者から1通の写真付メールが送られてきました。そこには、クローズした店内に1つだけライトがついており、その灯りの下で、ひとりパーマの練習をしている入社2年目のスタッフが写っていました。その写真には、こんなメッセージがついていました。

「店の前を通りましたら、クリスマスに天使が降りてきているように見えて感動したので…」

練習していたスタッフはカオルという名で、とても言いづらいのですが、うちのお店でナンバー1の不器用なスタッフなのです。何をするにも人の2倍時間がかかってしまうのですが、同時に会社ではナンバー1の素直で美しい心の持ち主なのです。その写真を見ていると涙があふれてきました。クリスマスの夜だというのに、遊びにも行かず、人知れずひとり暗がりで練習する姿は、まさに天使に見えてきました。

ボクはすぐさま電話をかけて、「ボクはヒマだから、せっかくのクリスマス、一緒に美味しいものでも食べに行こうよ」と誘って、店長とカオルと3人で食事に行きました。

不器用だけど、真向《ひたむ》きに練習する部下、それに気づいてメールを送り、見守る先輩、何とも心が温まる、うれしい思い出となりました。


また先日もこんなエピソードがありました。

その日は、医療関係の方々が遠方より見学に来られ、北九州に宿泊されるとのことでしたので、それでは、ということで、私どもスタッフ数人と会食をすることになりました。私たちは日頃マイ箸を実践しているのですが、若手にはまだ習慣づいておらず時折忘れる者がいるため、その先輩は、自分の分と後輩が忘れた時のために2セットの箸を用意していました。箸を忘れた後輩に先輩が手渡す光景を見ていた見学の方は、感動されておりました。

また、私どものスタッフには、いつも気遣いをするように徹底しておりますので、飲み物が少なくなった時のオーダーや、出てくる料理のふり分け、香辛料を用意する姿、料理に合わせた飲み物をセレクトするところを見て、こう褒めてくださいました。

「今日は、本当に良いものを見せてもらいました。サロン見学ももちろん参考になりましたが、この会食の間のスタッフの方たちの気遣い、おもてなしを見て、すばらしい教育をなされていることを肌で感じました。感じたというより、自分たちが恥ずかしくなるほどでした。本当に感動しました」

そう言っていただいたのです。医療に従事されておられるようなすばらしい方に、スタッフを褒めていただき、私はうれしさと誇らしさで、格別の美酒に酔った日でした。

そんなこととの繰り返しや積み重ねで、社風や風土はでき上がっていくのです。

イノベーション―改善し続けること

また私たちの美容という世界は、流行に影響されますし、時代の移り変わりを受けるため、常にイノベーション（革新）に取り組まなくてはなりません。

衣食の変化や建築物を含む空間の変化によるお客さまニーズの変化のスピードもありますので、常にイノベーションすることが求められます。俗に言う「ライバルは近隣の競合他社ではなく、お客さまのニーズ」なのです。ですから、常にお客さまの要望やお客さま自身も気づいていない未来の要望にお応えすることに力を入れています。

そのため、私どもの美容室全7店舗のうち4店舗は、レストランやペット美容室、雑貨店が隣接するコラボレーションサロンになっています。そのため飲食部門、ペット美容室部門、雑貨部門ができ、さらに忙しさを極める毎日を過ごしています。

美容室のお客さまに、「これからのバグジーに何を求めておられますか？」「もっと必要なことはありませんか？」と聞く機会を多くつくりました。そのご意見の中に、ライフアップパートナー的な位置づけを求められる方が多いため、髪を中心とした美容室に留まらず、アンチエージングやスローライフといわれるもののお手伝いもすることになっています。

絶対的価値を上げ、競合他社と差別化することに成功して各店はさらに繁栄してきたのですが、スタッフの数が増え、ミーティングの数もそれに比例して増えてきており、限界に近いほどの多忙な日々ですが、その分楽しさも倍増しています。

楽しみながら改善し、またそれを改善し、さらにそれを改善することによって、誰も真似ることのできないくらいの高いレベルになっていかなくてはなりません。お客さまのニーズというライバルは、最強、最速の相手なものですから…。

日々、イノベーションです。

例えば、お客さまにお出しするドリンクなども、昔はコーヒーや紅茶で良かったのですが、ハーブティーがいい、ジュースがいい、カルピスがいいとなっていき、一時期は10種類以上のものをご用意しておりました。それがこの数年は、美味しい飲み物というよりも、体に良い飲み物がいいという傾向が強くなり、ビタミンがとれるハーブティーや、口臭が消えるドリンク、コラーゲンなどの美容ドリンクが求められるようになり、ラインナップも変化しています。

そして今では、種類を増やすのではなく、今月のおすすめのドリンクと称して、１月はこれ、２月はこちら、というように月変わりにし、季節感とその時に必要な成分の入ったお茶やハーブティーを日本中から厳選してお出ししています。このように、今に満足せず、お客さまの意見に耳をかたむけて、一に改善、二に改善とイノベーションする毎日です。

会社で企画するイベントやキャンペーンも、同じものを繰り返すことはまずありません。数年前は「お客さまご自慢の桜の花の写真をお持ちの方に、トリートメントサービス」という企画をやったり、昨年は「お客さまを30人紹介くださった方に豪華旅行プレゼント」なる企画をやったりと、ほかではやっていなくて、お客さまが楽しくなる企画を続けています。

２０１４年は創業30周年ということもあり、「１９８４年生まれの方、バグジーと同じ年（歳）ということで、１年間10％オフ」や、２０１４年生まれの赤ちゃんには「30周年のオリジナルプレゼント」と題してオリジナルのベビー用品をプレゼントしました。

このようにして、１つのことを実行してそれを改善し、さらにそれを改善することが、今となっては、お客さまの喜びを越えて、スタッフの楽しさに変わってきています。

また、このイノベーションは多岐にわたって行われています。例えば教育プログラムも毎年話し合って改善しています。ヘアデザインはもとより、パーマ、カラーリング、ヘッドスパの技術の見直しも毎年行っています。メニュー開発やカウンセリングカードなどの改善、福利厚生や労務関係も毎年改善し続けています。

とにかく、立ち止まってはいけないのです。少しずつでもいいので、イノベーションを続けることで、いつもフレッシュなお店、パワフルな会社をつくり続けられるのです。

第6章　●成功するための法則

自信を持つ

このように走り続けてきた30年。最近、何だか成功するコツのような、成長するコツみたいなものがあることに気がつきました。言い方を変えると、「成功（成長）する法則」に触れたような気がするというか、教わったような気がするのです。そのいくつかを紹介させてください。

その1つは「自信を持つことが、成功へ導く」です。

いかなる時にも、自分自身を信じる力を失わない、ということの大切さを教わりました。

自分で自分を信じられなければ、他人から信じてもらえるわけもなく、ましてや、自分を信じられない者が、他人を信じることなどできないのです。いかなる逆境を目の前にしたとしても、自分を見限ることなく、その逆境の先の明るい未来を信じて全力でことにあたるためには、自信が必要なのです。自分自身に確たる自信がないと、自分の持つ100％の力を発揮することができないのです。

例えば、野球選手が大事な場面でバッターボックスに立った時、「できれば打ちたいなー」とか、ましてや「打てないだろうな」と思っているようでは打つことができないのと同じようなものです。大事な場面でバッターボックスに立つならば、自信をもって「この場面では自分しか打てないんだ」「いい場面で打順が回ってきたものだ。ボクはラッキーだ」と思う人こそが、奇跡の逆転ホームランを打てるのと同じなのです。

自信を持って挑むということは、いかなる場面でも、いかなる時でも必要なことです。過去に引きずられたり、変に畏縮することなく、何事にも自信を持つことをおすすめしたいと思います。


また、人を指導する時や部下ができた時には、その人に「自信を持たせる」ということを心がけるのが、最も大切だということでもあります。人を指導したり、リーダーとなる人が最も大切にすることの1つは「自信を植えつけること」なのです。

自信を持つ人と持たない人とは、大きな差が出てきます。人は誰でも幸せになりたいとか成功したいと願っています。その幸せや成功に向う努力が、自信をもって行われる努力と、自信を持たずに行われる努力とでは、雲泥の差となって表れます。ですから、過去や目の前の現実に押しつぶされて、自信を失わないことが大切です。

ただし、勘違いしてはいけません。ただの自信過剰になったのでは、結果が出せないどころか、周囲からの支援や承認は得られません。そうならないためには、大切なことが2つあります。

まずは「自信を裏打ちするに値する努力をすること」です。

例えば、一流の人は、「自分はまだまだなんだ。もっと練習を重ねないといけないんだ」と自分に厳しく練習を重ねます。そしていざ本番では「今日のこの時のためにやってきたんだ。自分は必ず成功するんだ」と自信を持って取り組むわけです。その自信には、根拠が必要なのです。

そしてもう1つは、「自分の将来の成功に確信を持つこと」です。自分の将来の成功を明確にイメージして、それを確信しているからこそ、目の前のことに自信が持て、結果を導き出すことができるのです。ですから、自分の将来の成功を限りなく鮮明に、画素数をあげて、期日もしっかり決めて、それをいつもイメージすることが必要となってくるのです。

常に自信を持って生きること。そして、自分の大切な人たちの心にも自信を根付かせてあげることが、人生を上昇させる法則のようなものなのです。

リスクを情熱に変える

もう1つの法則は「リスクを情熱に変えること」です。

最初にもお話ししましたように、私の父はたくさんの家族や親類の生活を一身に背負い、見事に人生を生き抜きました。私はその父に教わったのです。

「背負えるものをリスクと捉えて、グチったり嘆いたり逃げたりせずに、背負っているものを自分のエネルギーにして頑張るんだ」

「背負っている分、自分は人の何倍も頑張るんだ。背負ったものを情熱に変えて頑張り抜くんだ」

そう考えられるようになりますと、重たいことや辛いことも楽しくなってくるのです。リスクを嫌い、リスクを避けて生きている人よりも、何十倍も頑張れるのです。

人はそれぞれ、人には言えない重い荷を背負っているのだと思います。その重い荷こそを自分のやりがいとして正面から向き合った時に、自分でも信じられないほどの力と、不思議なほどの運を引き寄せられるのだと思います。フラフラした若者が結婚して家庭を持ち、子宝に恵まれると、まるで別人のようにしっかりと仕事に励むようになるのも、うなずける事実です。


ですからリスクをおそれないことです。おそれるどころか、自分から進んで受け入れる強い心を持ちましょう。ある程度の年齢に達した時に、両親や親族で不幸に見舞われた人たちなどの支援や面倒に直面したならば、ごまかしたり、見て見ないふりをせずに、心よく自ら受け止めて、できる限りのことをしましょう。

仕事の面であれば、ほかの人が、大変だとか○○部が悪いといって嫌がったり避けている部署や店舗を、自ら進んで選び、努力してみましょう。部下を預かったり担当する時にも、できの良い人や成績の良い人を選ぶのではなく、みんなが嫌がるような人を自ら進んで預かり、全力で向き合ってみましょう。

ぜひ、そうした生き方を選べるようになってください。すると、なった人にしかわからないと思いますが、後から大きな果実を手にすることができるものです。その大きな果実とは、強靭《きょうじん》な足腰と何ものに屈することのない、強くやさしい心です。重い荷を背負い、辛い坂道を登っていれば、自然と身につくのです。「ウエルカムリスク！」です。

会社の長ならなおのことです。１人でも多くのスタッフを雇うことは、リスクではなくやりがいであり、未来の成功のキップなのです。環境を良くするための大きな借金や投資は、リスクではなく情熱の源であり、働くみんなの喜びのタネなのです。

リスクを情熱に変えることこそが、幸せになるための法則です。

若くして大きな企業で成功している友人がいますが、彼はいつ逢っても明るくハツラツと働いているので、尋ねてみたことがあります。

「なぜそんなにいつも頑張れるんだい？」

彼は、ほほ笑みながら答えてくれました。

「ボクには生まれながらに重度の障害を持つ息子がいるんです。彼はまだ10歳にもならないのですが、今まで10回以上の大手術を、あの小さな体で耐えながら頑張ってくれているので、ボクも頑張らないといけないんですよ」

そう言う彼の顔には、悲壮感などどみじんもなく、それどころか誇らしそうに微笑んでいるのです。ボクは感動して泣いてしまいました。

明るく、人の何倍もハツラツと働く彼の原動力は、息子という存在だったのです。人知れず大きな荷を背負い、悠々と生き抜く友人を見て、さらに確信に変わりました。

「リスクを情熱に！」というより、「リスクを大切な宝物に！」といったほうがいいのですね。リスクと呼ぶことすら間違いなのです。自分にふりかかる苦労、自分の目の前に横たわる不幸や不運を真正面から受け止め、それを自分だけの宝物に変えましょう。

そして、誰にも負けない強靭な足腰と、強くやさしい心を手に入れましょう。笑顔で重い荷を背負い、悠々と人生の豊かさを手に入れましょう。

感謝の心を持つ

次の法則は「感謝の心を持つこと」です。

当たり前のことだと思われるかもしれませんが、常に感謝の心を忘れないことは、できているようで、なかなかできないものです。

感謝の心を持つ人のみが幸せを手に入れられる、といっても過言ではありません。一流と二流の差などは、この「感謝」があるかないかの違いともいえます。一流といわれる人に逢うとわかりますが、威張ることなく、いつも誰にでも頭を下げ、手を合わせ、「ありがとう」を何度となく口にされます。二流の人は、威圧的で威張っており、感謝の心がなく、いつも何かにつけ注文をつけたり文句ばかりを口にします。

なぜ、これほどの違いが出るのかといいますと、この感謝には驚くほどの力が隠されているからなのです。その驚くほどの感謝が持つ力とは、2つあります。

1つには、感謝には「幸せを感じとる力」があることです。

例えば、そう高くないは給与をもらっている2人がいるとします。1人には感謝の心があるとして、もう片方には感謝する心がないとします。同じ金額をもらった給与日。感謝のない人は喜びの顔などなく、逆に腹立たしく怒っているような表情で、「なぜこんな安月給で働かなくてはいけないのか？　ジョーダンじゃない！　やっていられない。会社も上司も社長も何を考えているんだ」「今日は最悪の日だ！」と文句とグチを言っています。

片や感謝の心を持つ人は、うれしそうに笑顔で、「ありがたいなー。こんな不景気な時に遅れることもなく減給されることもなく、決められた日にお給料をいただけるなんて、何て幸せなんだろう。本当にありがたいな。今日は良い日だ。思い切ってちょっとだけ贅沢な夕食を家族でさせていただこう」と、会社や上司や社長に感謝し、笑顔で家路を急ぐのでした。

さあどうでしょう。どれほどの違いがあるでしょうか？　ここでもう1つわかったことは、幸せとは金額の高低ではないということ。それと大きく違うのは、感謝の心が、決して高くない給与だとしても、幸せを感じ、喜びの日を迎えられているということ。感謝のない人は、喜びや幸せどころか、同じ給与なのに怒りすら感じていることです。どちらが幸せなのでしょう。同じ日に同じ額の給与で幸せを感じられたのは、感謝の心を持っている人なのです。「感謝」はすごい力を持っているのです。

もう1つ、感謝が持つ力とは、「幸せを引き寄せる力」があることです。

私ども美容師は、後輩たちに技術指導を行う機会が多くありますが、そんな時にも感謝の持つ力は、天と地ほどの違いを見せます。

1人の後輩は、感謝の心を持っていますので、指導してくれた先輩や上司の言葉に素直に耳を傾け、常に「ハイ」「ハイ」と指導を受けます。そして指導後には、先輩に深々と頭を下げて、精一杯のお礼をします。

片や、感謝の心を持たない後輩は、素直どころか、その先輩の技術や指導のしかたに疑念を抱き、不満気で、指導中の返事も軽くうなずくくらい。指導終了後は、あいさつもそこそこに退店します。

これもまた致命的に違いが出ています。

感謝のある人は、指導してくれる先輩を全面的に信じて望んでいますので、先輩の優劣にかかわらず、吸収し上達し成長を手にできます。それだけでも大きな恵みですが、そのうえ、感じ良く指導を受け、終了後に感謝し喜びすら表しているものですから、先輩からすると、「もっと教えて上達させてあげたい」「教えがいがあるからかわいい。日頃から目をかけて見守ってあげよう」となります。そうすると、技術向上はもとより、先輩たちの好意まで集めるという、修業中の身にある若いスタッフにとって成長・成功を約束されたと同じことを得られるのです。

逆は言うまでもなく、技術の吸収・向上も著しく悪く、先輩たちからの親身な指導を受けられる環境を自ら壊していることになります。

感謝とは、本当にすごい力を持つのです。自らの幸せを自分で引き寄せることができるのです。よく言う「運がいい」という人とは、感謝を常に持っている人のことなのです。

足るを知る心を持つ

感謝には「幸せを感じとる力」と「幸せを引き寄せる力」があるのですから、成功するための法則の中でも、すぐにでも実践したいことですね。また、上辺だけの心にもない感謝ではなく、心深く根付いた感謝ができるようになると、「知足《ちそく》」という心にもつながっていくのです。

知足とは、足ると知るという意味で、わかりやすく言えば、「自分のないものは数えることなく、あるものを数えることのできる心」です。この知足の心を会得《えとく》した人こそ、偉業をなし得る人なのです。

不幸にも仕事中に両手を失くしてしまった方が、「あぁ私は幸運でした。手は失ったけれども、肩下の腕は残してもらえたので義手を付けることができます。養生してリハビリすれば、また仕事ができます」と言われ、現に復帰されています。それどころか、その義手で字を書き、絵を描き、日本中の同じ境遇の人に元気と勇気を与えておられると聞いています。

昭和の時代の偉人賢者といわれる経営者の大先輩方が、まさに知足の心を持ち、どんなに苦しい逆境や苦難に幾度見舞われても、何度も立ち上がって偉業をなし得たのです。一言も泣きごとを口にせず、今自分の手元にあるものだけを頼りに、奇跡のような偉業を成し遂げた人の心には、常に「知足」の心があったのでしょう。

また、事業に従事している人ではなく、そんな偉業とはまったく離れた日々を過ごされている無名の人の中にも、この知足の心で、日本一の大輪の花を咲かせておられる尊い人もたくさんおられます。

私の師、北川八郎先生から聞いた話ですが、ある時、段ボール箱一杯に1円玉を持ってこられた老夫婦がおられたそうです。その老夫婦がおっしゃるには、「私どもは、貧しくとも2人でこうして健康で生かしてもらっているのだから、2人で話して、少しでも人のお役に立てることをやろうよと、コツコツと1円玉を貯めてきました。20年余りかかりましたが、このお金を私たちよりも苦労されて不運な方に使ってください」と、段ボール箱を置いて帰られたそうです。

老いて貧しい暮しをしていても、「辛い境遇にいる人を思いやる心」「健康であることを幸せと感じて人の役に立とうとする心」。ただただ頭が下がるばかりです。きっとそのご夫婦は、地から湧き出た菩薩さまのようだったのではないでしょうか。

「感謝する心」「足るを知る心」。人生を心豊かに生きるための通行手形のようなものです。

失敗すること

もう1つの法則は、「失敗すること」です。

成功するために、心豊かになるために、失敗することが大切だとは変だと思われるかもしれませんが、この「失敗すること」にも、たくさんの力が隠されています。

私の経験からもおわかりかと思うのですが、私などは、失敗のおかげで今があるといってもいいような見本です。うまくいった数より失敗のほうが多かったくらいですから。

なぜ、失敗することが必要なのかといいますと、恋愛でいえば失恋、日常生活でいえば事故やトラブル・病気、事業でいえば倒産などを経験しますと、心にドカーンと大きな穴が開いてしまったような気持ちになります。何も手に付かないくらい心に大きな穴が開くことがあります。

その時です。その穴から見えるものが必ずあるのです。その穴からしか見えないものがあるのです。当たり前だったことへの感謝や、今そばにいて心配してくれたり見守ってくれている人がいることの喜び・ありがたさ、もっと言うならば、「人の優しさ」「ぬくもり」、そして、この思いを二度としないようにする「覚悟」ができるのです。

失敗することで人の痛みがわかるようになったり、本当に大切にしなければいけない人や物事がわかるようになるのです。そのうえ、過去の自分から決別する強い信念が生まれ、自己変革に挑めるようになるのです。

人生において失敗とは、成長の特効薬のようなものです。ただし、特効薬である失敗も、ただやみくもに経験すればいいということではありません。失敗をすればいいのではなく、失敗から気づき、学び、改善するからこそ、成長の特効薬になるのです。

私も30代の時、成果主義と拝金主義によってたくさんの社員が去ってしまうという大失敗をしたことで、成果よりも、お金よりも大切なものがあることを学び、そのことを境にダメな自分から脱却することができました。また、その時に開いた大きな心の穴から、大切なものを見極めることもできたのです。そのおかげで今があるのだと確信しています。

ですから、過去の失敗を隠したりごまかしたりせず、その失敗を自分の成長の分枝点とすることが大切です。

今、目の前にあることで、失敗をおそれて思い切れずに、中途半端に終わることを繰り返している人は、思い切ってやってみることです。成功すれば一番いいのですが、先ほどから述べていますように、失敗から学んで成長すれば、それが人生のチャンスとなり得るのです。「成功はピンチ、失敗はチャンス」とでもいいましょうか？

また、失敗をすることで、竹の節のように自分の人生も強くなっていくのも事実です。竹には節があるから、あれだけ天高く伸びても折れることなく、強風をものともしないのです。自分の人生に失敗という節をつくっていくわけですね。

ただし、この失敗から、より良い結果に導くために、気をつけていただきたいことが2つあります。

1つは、失敗をおそれなくなってきた時には、6割くらいの勝算がある時のみ思い切って行動を起こすことです。

なぜかといいますと、失敗をおそれて機を逃すのも良くありませんが、勝算のない、最初から失敗するとわかっていることに手を出すことも、また良くないからです。6割くらいの勝算があれば動くという人こそが、成功を手にできるからです。

もう1つは、少し矛盾して聞こえるかもしれませんが、もし失敗してもあきらめずにやり続けることです。成功という当たりクジが100個に1つしかないとします。とうてい無理だからと挑まないより、当たるまでクジを引き続けることです。最悪の結果でも、100回引き続ければ、最後には必ず成功というクジを当てることができます。失敗を重ねるごとに成功というクジに近づいていくわけです。

失敗をおそれない行動力と、失敗にめげない持続力を持つことで、失敗という成長の特効薬を手にしてください。

苦しさや辛さに耐える力

次は、「苦しさや辛さに耐える力」です。

人生も仕事も、人間万事塞翁が馬のように、良いことの後には必ず悪しきことがあります。また、悪しきことの後には、必ず良いことがあるものです。それがバランス良く訪れればまだいいのですが、時には良い時は一瞬で、悪い時が長く続くこともあります。その時に、どんなに苦しくても辛くても、決してあきらめない心、その苦しみや辛さに耐え得る底力が必要です。せっかく、数えきれないほどの逆境や苦難を乗り切ってきても、先の見えない長いトンネルのような長い悪しき時にギブアップしてしまっては、成功や幸せにたどり着けません。どんなに苦しみや辛さが長く続いたとしても、決して根をあげずに耐え忍ぶ力が必要なのです。

しかも、ただ耐え続けるだけではダメなのです。そんな時こそ、凍《こご》えるような冬の間にしっかりと土の中深くに根を張ることが大切です。必ず来る春に備えて、深く深く、広く広くしっかりとした根を張っておくことです。そしてその苦しく辛い日々に深く張った根で、必ず来る春に勢い溢れる新芽を芽吹かせるのです。

冒頭でお話したように、父が亡くなり、その後、私は青年期（23歳から28歳の頃）に、両親の借金を払うことになりました。その当時で数千万円の借金でした。月々50万円近くの返済を5年間ほど続けたことがあります。その頃は、長女も生まれたばかり、店は閑古鳥が鳴くような日々の中での借金でしたので、当時は両親を恨んだこともありましたが、必死で働いて、すべて完済しました。

まだスタッフもいなく、1人で朝から夜中までお客さまに応対しました。運良く少しだけ技術力がありましたので、休日や夜間に、技術指導の講習会も休みなくやりました。文字どおり365日休まずに働きました。その当時、塗装がはげてシルバーが灰色のようになったポンコツの軽自動車に乗っていたのですが、講習会場に行く時などは、恥ずかしい恰好もつきませんので、会場から遠く離れたところに車を駐車して、講習会場へ歩いて行ったことを思い出します。次の月も講習会の依頼を受けてお金をいただかなければ返済もできず、家族の食費もなかったありさま。誠心誠意、講習をさせていただきました。

そうして昼も夜も休日も働き、借金を支払うことができたのです。その数年は、本当に逃げ出したいほど苦しく辛い時期でした。ですが、今思い返せばその時に今のボクの底力がついたのだと思います。技術力や会話力、説明能力もこの時に身についたのです。

あの時、ボクがギブアップして逃げ出していたら、今のボクも、今のバグジーも存在していないと思います。あの借金地獄をあきらめず、耐えたことによって胆力《たんりょく》がついたのです。今思い出してみても、よくあきらめずに頑張ったなぁと、自分で自分の頭を撫でて、褒めてあげたいくらいです。

人生の中で一度か二度、これ以上頑張れないというほどの苦労や心労を体験するというのは、必要なのかなと思います。それも若いうちに体験させてもらえてよかったとすら思っています。

この本を読んでくださっている方の中には、私よりずっと苦労されたことのある方もおられるでしょう。また、今現在、そのただ中におられる方もいらっしゃるでしょう。ぜひ、あきらめずに耐えてください。明けない夜はないのですから。凍えるほど辛く厳しい冬にも、必ず春は訪れるのですから。

そして、今のうちに努力を極めて、深くしっかりした根を張ってください。神々しく明ける朝を迎えた時、何とも言いようのない誇り高き思いになります。これぞ、人生の醍醐味です。そこで培った人間力で、その後の人生を悠々と楽しむことができるのですから。

老いることを楽しむ

最後の法則は、「老いることを楽しむこと」です。

独立開業し、海外修業に行っていた20代の時は、自分の現状と夢や理想との大きなギャップが楽しくもあり、またやりがいでもありました。30代の頃は、少しずつ成長してレベルアップした現状と、20代の頃よりは少し現実的な夢や理想とのギャップが縮まり、その差が縮まっていることにやりがいや楽しみがありました。

40代になると、そこそこに頑張って夢や理想に近くなった現状と、その夢や理想に手が届きそうな充実感が、やりがいであり楽しさでした。そして今50代の半ばになり、夢や理想と現状が重なり、思ったことがすぐできるというやりがいと楽しさのただ中にいます。

今思えば、年をとることを楽しんできたような30年でした。自分の年齢を恥じることなどありません。年齢は自分の背番号みたいなものです。当然、昔のように速く走ったり、高く飛ぶことはできなくなりましたが、失うものより得るもののほうが多く、老いる喜びを感じています。というより、老いている自覚がないのかもしれませんね。

年を重ねることをマイナスに捉えず、今も昔も青春時代を送っているような気持ちが、心を豊かにし、周りの人から承認され、成功や幸せを手にすることができているように思います。


年を重ねることを悲観的に考えたり、負い目を感じていたのでは、迸《ほとばし》るほどの冒険心や、途切れることのない向上心はなくなってしまいます。年をとることに自信と期待ができる人こそ、人生の勝利者、人生の成功者ではないのでしょうか。

見た目や性能は確かに衰えていきますが、精神力や心の豊かさは増すばかりです。冗談のような話ですが、視力が落ちて老眼になると、小さなホコリが気にならなくなり、自分の顔のシワやシミなども見えなくなります。

そうなると何と気楽な毎日でしょう。見なくてもいいものは見えなくなりますが、逆に見たいものは見えてくるような気がしています。老眼になると醜《みにく》い自分から解放されるのです（笑）。

それはさておき、年を重ねることを誇りに思えるようになったら一人前なのかもしれませんね。そうなるためには、1年1年を一生懸命に重ねていかないといけません。20代に頑張っているからこそ、楽しい30代になるのです。30代に頑張っているから、光り輝く40代を迎えられるのです。そして、50代、60代、70代、80代、90代…と、いくつになっても成長し続けていけるのです。人生の成功や幸せを手に入れるには、老いを味方につけ、老いに自信と期待を持ち続けることですね。

このような実体験で得たコツというか法則を、社内で共有し、一人ひとりのスタッフに伝えていくことで、自社で働いてくださっている人全員が、心豊かで人柄の良い人になってほしいと願っています。

第7章 ●今、やるべきこと

小さなことに情熱を込める

さて、過去の話はこれくらいにして、今、何をすべきか？　これからどうあるべきかをお話したいと思います。

今、やるべきことは、「当たり前のことに情熱を込めること」だと思います。特に些《さ》細《さい》なこと、小さなことに情熱を込めることだと思います。

例えば、朝出勤する際にお逢いする方やすれちがう方へのあいさつも、もっと心を込めることとです。お客さまが来店した際には、今まで以上に、きちんと手を止め、お客さまの目を見て明るい笑顔で、心を込めて「いらっしゃいませ」「ようこそ」と言うことです。名刺を手渡す時でも、その1枚の名刺に真心と感謝を込めて、両手でお渡しすることです。

お客さまがお帰りになる時は、店の外までお見送りします。そして、そのお客さまが見えなくなるまで、心を込めて感謝します。

このような、日頃のほんの些細なことが一番大切だと思います。「細部に神が宿る」

の喩《たと》えがあるように、あいさつひとつ、名刺1枚に渾身《こんしん》の思いを込め、当たり前のことでも、感動を与えられるくらいになりたいものです。新しいことや大きなことに心を寄せずに、小さなこと、些細なことに全力で取り組むことです。

人の話にも真摯に耳をかたむけること。特に立場が弱い人や目下の人の言葉を軽んじることなく聞いてあげましょう。また、仕事中のちょっとしたことでも、「ありがとう」の心を込めて伝えます。店内に「ありがとう」という小さな花がたくさん咲くように、すべてにおいて心を込めてやることです。

好きな仕事ばかりを選ぶのではなく、目の前に与えられた仕事を好きになり、全力で取り組むことで、それが天職となるのです。1日一生という言葉のように、今日が一生最後の日だと思って、今日1日を過ごすこと。たとえ1枚のハガキでも思いを込めて書くことで、現状を打破できると信じてやり続けましょう。一つひとつの行いに情熱を込めていると、それが究極の鍛錬《たんれん》となり、飛躍的な成長と成功をもたらすのですから…。

人生は因果応報。投げたものは必ず返ってきます。

「種まかざれば花咲かず実ならず」の言葉どおり、日々良い種となる心のこもった行いを続けていれば、必ず綺麗な花となり、実となっていきます。特に小さな、名もないような種に咲く小さな花の美しさは、いかなる有名で大輪の花とも違う美しさなのです。

目の前の人を笑顔にする

いつも、いかなる時も半径1メートルにいる人を笑顔にすることです。笑顔にしてあげるための努力を惜しまない。大それたことはできなくても、隣にいる人を笑顔にしてあげることです。

つい先日も仕事を終えて幹部のみんなと食事をし、深夜帰宅してから寝る前にケイタイのメールやＬＩＮＥをチェックしていましたら、新入社員からＬＩＮＥのメッセージが入っていました。

「休日に釣りに行きました」と釣果《ちょうか》の魚の画像も添付されていました。すぐに私も、以前に釣りに行った写真を添付して送ると、また返信が来て、「今度釣りに連れていってほしい」というので、すぐさま「ＯＫ」と返しました。

翌日、その新入社員の責任者から連絡があり、彼は朝からテンションが高く上機嫌で、店の雰囲気を良くしてくれている、と連絡がありました。ＬＩＮＥのメッセージ１つにも心を込めることが良い種となったのです。仕事を終えてからのＬＩＮＥのやりとりが、こんなにも喜ばれ、新入社員のやる気に変わったのでした。

こんなふうに、目の前の当たり前のこと、ちょっとしたことに真心を込めることで起きた出来事です。すごいことや効果の大きいことではなく、隣にいる人の笑顔のために頑張ることとです。

その新入社員からは、その後またＬＩＮＥで連絡がありました。休日に、ふと社長は何をしているのかなぁと思い、それを先輩に伝えたら、「お前、社長に恋しているんじゃないか」と笑われた、と書いてくれていました。すごくうれしい便りでした（勘違いのないように。その新入社員は男性です）（笑）。

えてして、仕事の役割の大きな人や、自分にとって利の大きな人への気遣いやコミュニケーションはすすんでやれるものなのですが、そうでなく、新入社員のように弱い立場にいる人や、裏方の仕事をしてくれている人に心を寄せて笑顔にしてあげることです。また、気心の知れた人や、自分の素《す》を出せる家族には、つい辛くあたったり、無理強《むりじ》いしてしまうこともあるでしょうが、気心の知れた家族だからこそ、笑顔にしてあげるべきです。

旅先などで、もう二度と逢うことのないだろう人でも、一期一会《いちごいちえ》を大切にして、やさしくほがらかに接してあげましょう。例えば旅先で乗ったタクシーの運転手さんも笑顔にしてあげるのです。たとえ自分がお金を払う強い立場でも、とにかく自分の目の前の人に気をつかってあげることです。

そう言えば、こんな話がありました。この夏に九州の別府という街で仕事に行った時のことです。

仕事が終わって、知人から紹介されたお店（今では行きつけになっています）で食事をしようということになり、タクシーに乗りました。白髪の大柄な運転手さんでした。私が行き先を告げると、少し不機嫌そうに返事が返ってきました。そこで私が「運転手さん、その店に行ったことありますか？」と聞くと、「ない」というので、その店の雰囲気やおすすめの料理が美味しいことを話してみると、見る見るうちに運転手さんが笑顔になりました。

「うちのカミさんが、好きな料理だなぁー。今度の休みに連れて行きますよ」「今日はいい日だわ、いいお店教えてもらえたから…」なんて話しが盛り上がり、お店に着くまで楽しい会話で車中はみんな笑顔。到着して降りる時、運転手さんが「ありがとうございました。お客さんを乗せることができて、今日はラッキーでした」と笑顔で言ってくれました。「今度必ず家内と行きますからねー」

ボクはその言葉を聞いて、車を降りてすぐさまお店に入り、お店の奥さんに事情を話して出て来てもらい、運転手さんを紹介しました。笑顔であいさつをしている2人を見て、ボクはうれしくなり、そのお店の名物のゆずこしょうを買って運転手さんにプレゼントしました。運転手さんは車から降りてきて、「タクシー運転を何十年もやっていますが、こんなにうれしいことははじめてです。本当にありがとうございました！」と深々とおじぎをしてくれました。

これで話は終わりません。美味しく楽しい食事が終わり、帰りのタクシーをお願いしましたら、何と先ほどの運転手さんがニコニコ笑顔で待っていてくれたのです。運転手さんは、「どうしても、お客さんを送って帰りたかったので、会社に頼んでお迎えに来ましたよ」。もちろん帰り道も楽しい会話で盛り上がり、いい思い出となりました。

その行き帰りに同行していた地元・別府の方が、「勉強になりました。なんだかまるで手品を見ているようでした」とおっしゃっていました。

こんなふうに今日の前にいる人を笑顔にできるということは、良いことなんです。もしかするとあの運転手さんの奥さんも笑顔になれたかもしれませんね。毎日の生活の中で、目の前にあるものや人を大切にすること。特に小さなことや些細なこと、どのような人をも大切にし、一生懸命にあたることに努めていきたいと思います。

些細なことにも全力で

社会に出たばかりの若者であれば、自分の好きな仕事だけに目を向けるのではなく、今目の前にある仕事や雑用に全力で取り組むことです。その仕事や雑用が楽しくなってくるまで全力で頑張れば、必ず道は開けるものです。また、家族のために家事などを頑張っている方なら、目の前の家事や掃除、お手伝いを嘆くことなく、その家事や掃除、お手伝いの中に楽しみを見つけてみてください。

そうしていると必ず「感謝」というご褒美がたくさんやってきて、やりがいや生きがいとなっていきます。企業の中間で奮闘されている管理職の方なら、部下の中でも、最も弱い立場の人や、みんなの嫌がるような仕事を避けたり見過ごしたりせずに、全力で向き合ってみてください。そうしていると少しずつ、好意や尊敬として必ず自分に返ってくるものです。

ボクの友人が高知にある銀行に勤めているのですが、時折逢う度に、そんな話やアドバイスをしていましたら、ボクにこう言うのです。

「私は仕事柄、今まで業績がすべてだ、成果こそが一番だと思ってきたので、結果を出している者や力のある者ばかりを重宝し、常に中心に考えていました。でも、間違っていたんですね。そうですよね、働く仲間からは、血も涙もない愛情のないリーダーに見えていたでしょうね。反省します。明日からは下座に降りて、みんなと同じ仕事に務めて、全員に目を配り、大切にしてみます」

それから半年ほど経って、彼から、うれしそうな声で電話がありました。

「聞いてください。ものすごいことが起きたんですよ。実は先日アドバイスいただいたように、掃除や雑用もすすんで行い、仲間全員の誕生日には、みんなでサプライズしてお祝いを続けていたら、まるで別の支店になったのかと思うほど、明るく活気のある支店になってきたんです。そんなある日、外注で当行の社員用のトイレなどのお掃除に来てくれているおばさんがいるのですが、そのおばさんの誕生日もお祝いしようと決まりました。おばさんが掃除に来る前に、トイレをバースデー仕様にディスプレーして、みんなで感謝の色紙を渡しましたら、おばさんが号泣して喜んでくれたんです。後日談なんですが、おばさんはその時期、家でお嫁さんとの折り合いが悪く、心労から軽いうつ病にかかっていたらしいのです。その誕生日サプライズで心が晴れたのか、病院通いをしなくなり、病気が良くなったと、ご家族からも感謝の手紙が届いたんです。スゴいですよね。みんなの小さなやさしさで病気を治せたなんて…」

聞いているボクも目頭が熱くなりました。その友人は、今現在もその銀行のトップとして大活躍されています。

目の前にあることや問題、人を大切にするその先に、進化や成長が待っているのです。そして1人、また1人と心が通い、強い絆となって強い組織ができていく。今全力でやるべきこととは、この「凡事徹底《ぼんじてってい》」ですね。

毎日の積み重ね

これからの将来は、きっと厳しいものとなるでしょう。人口の減少に歯止めはきかない現実に、これまでどおりのやり方は通用しなくなるでしょう。

「集めたものは残らない。与えたものだけが残る」の言葉のように、人口減少の中、集めることより、今のお客さまに心を込めて応対し、今よりもお付き合いを深くしていただくことにシフトチェンジすることが必至の課題になりました。

また、医療の進歩による高齢化もさらに進んでくるでしょう。高齢化をチャンスと捉えて、ご高齢の先輩方の大切にする「目に見えないもの」を創造して、輝ける先輩方に支持されることも大切です。そのための質の向上が必要とされています。

どのような仕事・業績も、競争は激化の一途をたどっている今、自分たちの強みや特長に磨きをかけて、競争の土俵から抜け出す努力も必要です。このような時代に、押しつぶされないように日々「凡事徹底」すること。目の前に横たわった大きな問題の対処に追われる毎日ではなく、その問題の根本原因をよく考えて解決していかなくてはなりません。

毎日毎日、同じことの繰り返しと思えるかもしれませんが、一つひとつのことに心を込めて徹底していなければなりません。螺旋階段のように同じところをグルグル回っているようでも、確実に上に上がっていくものです。目の前の凡事なことを疎《おろそ》かにしなければ、必ず上に上がっていけるのが人生です。

これから先は、毎日の積み重ねで決まるのです。今目の前の小さな些細なことに心を込めることで、信用が得られ、今、目の前にいる人を大切にすることで信頼が得られるようになる。「信」こそ、将来の成功の通貨となるでしょう。

利より信を選ばない者は、きっとこの近い将来に災いが起こると思います。逆に利より信を選び、人を尊重し、凡事徹底に生きていれば、この先の災いや不運は免れるか、たとえ訪れたとしても、それまで集めた信用・信頼がそれを退けてくれることでしょう。

今、どんな仕事をしていようとも、どこにいようとも、今日の先にしか明日はないのですから、今日1日に手を抜かず、やり過ごすことなく、全力で取り組んでいれば、幸せはやってくると信じています。そんな頼りない考えではダメだ、そんな甘いものじゃない、と思われる方もいるでしょうが、私の失敗続きの中から、体得した結論なのです。

小さな石を積み上げる

大きな石でできた石垣よりも、小さな石でできた石垣のほうが強く、持ちが良いものです。ましてや大きな石でできた石垣はすき間だらけで、その大きな石ひとつが全体に及ぼす危険も大きくなります。またその大きな石垣を運ぶための負担や手間も強大です。対して小さな石の石垣は、すき間はなく、ひとつの小さな石が全体に及ぼす影響も小さく、私のように力のない人間でもたやすく運ぶこともできます。小さな石の一つひとつを大切に毎日積み上げて、これから来るであろう苦難や逆境を悠々と退けていこうと思っています。

現に、私の小さな石の石垣は、この数十年を壊れることなく立派に乗り越えてきましたし、その経験から揺ぎない自信もあるのです。この思いを強くした経験をお話しさせてください。

私には一男二女の3人の子どもがいるのですが、その長男が、幼い頃に大病をし、10

年以上の闘病生活の末に移植手術をしました。今から5年ほど前の夏のことです。

発病してから移植までの十数年、家族一丸となって頑張りました。その間、苦しく辛かったですが、周りのたくさんの人たちのやさしさと支援によって乗り越えることができました。

奇跡を信じて、日本中の友人からお守りが届きました。ボクの息子のために滝に打たれてくれた友もいました。会社の仲間は、千羽鶴では不安だからと万羽鶴を折ってくれました。漢方が良いのではと、家族で台湾まで薬を買いに行ったこともありました。

息子の誕生日には、元気が出るようにと、有名人のサインやメッセージがたくさん集まりました。遠くはアメリカ・ヨーロッパのスターからも届きました。これらすべて、私の周りの友人たちの厚意でした。体に良いからと、たくさんの希少な食べ物も届きました。

たくさんの友情や愛情のおかげで、1年もてばと医師から言われていた息子の病状が、良くはならないまでも、何と10年も維持されました。奇跡のようでした。ですが現実は厳しく、10年後に移植するしかないということで、私の身体から息子への移植手術を行ったのです。

手術の前後には、遠方から泊り込みでたくさんの人が応援に来て励ましてくださいました。遠く鹿児島の霧島神社に拝みに行ってくれた友もいました。

家族の見守る中、息子と並んで手術に挑みました。しかし、何と不幸にも、いまだ原因不明なのですが、手術は失敗に終わりました。幸い、命はとり止めたのですが…。まさに生地獄《いきじごく》のようでした。集中治療室で苦しみ涙する息子、そして動けない私、泣きじゃくる妻と娘たち。私の人生ではじめての絶望という経験でした。これ以上泣けないというほど、涙が枯れるほど泣き明かした夜でした。絶望という海をさまよい、たどり着いた朝に、私を勇気づけて立ち上がらせてくれたのは、家族とたくさんの仲間の存在でした。


十数年の闘病生活から希望を持って挑んだ移植手術。普通ならば、その失敗という現実は、想像を絶する不幸で、立ち上がることすらできないはずなのに、ボクは家族とたくさんの仲間たちのやさしさで、立ち上がることができたのです。

ボクは家族に言いました。「1回くらいではダメなんやん。燃えてきたよ、1日も早く退院して、もっと働いて、また移植をやるぞ！」。

泣いていた家族や仲間が、笑顔に変わっていきました。そして私は臓器提供後、何と12日で退院し、仕事に復帰したのでした。

この絶望からの生還で、私は悟ったのです。そして、大きい学びを得たのです。何が一番大切なのかを知ったのです。「人の大切さ」と「みんなのおかげという感謝」を得たのです。この体験が、ボクを強くしてくれました。

「周りの人を幸せにする」という揺ぎない信念を得て、文字どおり「生まれ変わった」のでした。

この経験によって、人を大切にする心は不動のものとなり、今の小さな石を積んだ石垣のような組織づくりの柱となったのです。

「周りの人を幸せにする」という宿題

その後の無理がたたり体調には少々かげりがあるものの、毎日ハッピーに過ごせています。また、息子も生まれ変わったように強くたくましく、そしてやさしくなれました。息子は今も週に何度もの病院通いはしていますが、毎日楽しそうに、そして強く生き抜いていきます。

折々に「元気か？」と息子に聞いてみると、「病院はパラダイスだよ」と笑い飛ばすほどです。そんな息子に心から感謝し、尊敬しています。親子共々、ヒビのはいったコップみたいな身体ですが、誰よりも明るく強く、そしてやさしく生きていられています。

後日談の笑い話なのですが、術後にお腹のキズが痛むため、ズボンが履けず、「これからはオーバーオールしか履けないよー」と言っていましたら、日本中からオーバーオールが何十着も届きました。今も大切にとってあります（笑）。

それから「ポカリスエットって美味しいんだよ」と言っていたら、これまた日本中から何百本とポカリスエットが届き、すべて飲むのに数か月かかったほどです。

たくさんの方からの励ましの言葉も、私の心に光をくださり、支えてもくれました。日本を代表する病院の先生に、「よく立ち直られましたね。医療に携わる者として、頭が下がりますよ」と言っていただきました。その言葉に励まされ、勇気と自信が湧いてきたのを今でも覚えています。

いつも指導いただいていた先輩からは、「もう君に教えることなどなくなったよ。あんな壮絶な出来事を、本当に笑顔で明るく乗り越えたのだからね」とはじめて褒めていただいたりもしました。その言葉一つひとつに支えられて乗り切れたのです。

この壮絶な経験によって、私の「周りの人を幸せにする」という信念はより強くなり、今もこの先も突き進めるのです。

よく、戦争体験や大病をすると、人は強くなり、偉業を成し遂げる人になれるといいます。すべての人が戦争体験や大病によって偉業を成せるとも思いませんが、死に直面することで悟るのでしょうか。自分の人生で本当に大切にすることは何か、はっきりするのだと思います。「自分が生まれてきた理由」がはっきりして、迷いなどがなくなり、一心不乱にそのことを貫ける人生へと変わるのでしょう。

中学校を卒業してから美容の仕事一筋で頑張った38年間と、家族との闘病体験で、やっとたどり着いた心境、というか境地です。

「周りの人を幸せにする」。これが、私の人生の宿題なのです。

順調ばかりの人には理解してもらえない真理かもしれませんが、「周りの人を幸せにする」。こんなすばらしい生き方はないと思います。そんな人生をこのまま続けられたなら、とても幸せです。

なぜなら、周りの人を幸せにした総量が、自分の幸せとして返ってくるのですから…。毎日を人の喜びの中で生きるということは、毎日がたくさんの笑顔と感謝に囲まれているということです。

そこには、グチやねたみ、悪口や中傷、不安などがないのですから、まさに天国のようです。このような日々を送れるようになったのも、「共に働くすばらしい仲間」「導いてくださった師」「勇気をくれる友人」、そして「たくさんの出逢い」のおかげです。

周りにいてくれる一人ひとりに心から感謝しています。

人生が映画だとしたなら、何とすばらしいキャストに恵まれたものでしょう。こんなすばらしいキャストに囲まれ、主人公という役柄をいただけた私は、最も幸運な男ですね。今世の人生という映画のストーリーと配役してくださった神様に、心から「ありがとうございます」と言いたいです。たまたま回ってきた役柄ですが、いただいた以上は最高の演技で主人公を務め終えたいと思います。

言葉の力

最後になりますが、このようなさまざまな経験でわかったことが、もう1つあります。

それは「言葉には力がある」ということです。

ことあるごとに、自分を救ってくれた言葉、勇気をくれた言葉、自分の間違いに気づかせてくれた言葉、自分の心の支えになってくれた言葉。言葉というより言霊《ことだま》というのでしょうか？

仕事で何度となく挫折しそうになった時に、「失敗に未来がある」という言葉に出逢い、その言葉に勇気づけられ、頑張り続けることができました。拝金主義でトラブル続きの時には、「利より信を選べ」という言葉で気づかされ、道を踏み外さずに行くことができました。うまくいかない人間関係に悩んでいる時には「花は香り、人は人柄」という言葉で、自分の人柄を良くしないと解決しない、ということを教わりました。

その都度、その都度に、人との出逢いと同じように、一瞬早くもなく一瞬遅くもなく、すばらしい言葉にも出逢い、今があるように思います。

良い言葉を求め、学び、人の話に耳をかたむけることを忘れずに生きていくことです。言い方を変えると、すばらしい言葉の力を自分の人生に、取り入れていくといいと思うのです。

たくさん本を読み、たくさんの人の話を聞いて、知り得た言霊を大切に使い、書き、自分の人生の羅針盤にすることができれば、その言葉が日々の励ましとなり、勇気となることでしょう。

私の尊敬する友人と先日逢った時、その友人が、魔法の言葉を知っていると言うのです。その友人には、すごく頑張り屋の息子さんがいるのですが、その息子さんの家に遊びに行ってみると、玄関や居間などに貼り紙がしてあるのに気づいたというのです。その貼り紙には、こう書いてあったそうです。

「なぜか、すべて、うまくいく」

息子さんに聞いてみると、「この言葉を読むと自然とやる気と自信が湧いてきて、何でもうまくやれるんだ」とか…。その友人は、感心したのだそうです。「なぜか、すべて、うまくいく」。これは、魔法の言葉だよと教えてくれたのでした。

人生がすばらしい言葉で彩られると、人生もまた、すばらしくなっていくのですね。

終わりに、みなさまのためになるかどうかわかりませんが、いくつか私の出逢った言霊を紹介したいと思います。

人の幸せとは、「愛されること」「褒められること」「人の役に立つこと」「人に必要とされること」。

ダメな人などいない。ただ知らないだけなんだ。

尊敬する人を3人持つことができたなら、あなたも尊敬されるだろう。

最も尊い人とは、善に生まれ善に生きる人でなく、悪に生まれ善に生きる人なのだ。

大事を成さんと欲する者は、まず小事を務むべし。…　それ小を積めば大となる。

与えなさい。与え続ければ必ず繁栄する！

友とは、第二の自分だ。必ず友のようになっていくだろう。

遠い国で成したことも、はるか昔に成したことも、必ずあなたにたどり着き、返ってくるだろう。

落葉は、落ちてもなお、美しい。

有名無力、無名有力。

種まかざれば花咲かず実ならず。

悲しみの底にも、美しく光るものがある。

失敗に未来がある。

あとがき

最後になりましたが、無知無力のつたない私の本を、最後まで目を通してくださり、ありがとうございました。

この本を書き終えてつくづく思い知らされたのは、人は1人では生きていけないんだということです。たくさんの人に助けられ、支えられて生きていけるんだということです。日々、一生懸命に働いてくれる社員がいてくれて事業が成り立ち、たくさんのお客さまからのご愛顧で繁栄があり、たくさんの友人の助言で道を行くことができ、導いてくださる師や先輩のおかげで迷うことなくやってこれました。

その中でも、当たり前の存在のようである家族の存在の大きさに心から感謝しています。極貧の中、支えてくれた妻、見えないことをすべて請け負ってきてくれました。長女は、私の家業のために働いてくれて、今も側で暮らし、身近な支えとなってくれています。次女は私の跡を継ぐといって、単身で遠く東京の地で美容の修業をしています。そして息子は病気を背負いながらも明るく仕事をして、私と妻を安心させ、喜ばせてくれています。

この家族だったからこそ、今があるのだと、心から感謝しています。

今さらですが、失敗だらけの人生だったなと思います。よくここまでやってこれたなと、その勝因は何だったのかもわかりました。

「あきらめずに続けられたから」です。こんなに失敗続きで、人頼みのおかげさまの人生でしたが、楽しかったです。もう一度生まれ変わったとしても、またこの地に生まれたい。この両親の子として育ち、美容師をやりたいと思っています。何度か生まれ変わっても、またこのすばらしいキャストに出逢いたいですね。「生まれ変わっても、みんなと出逢いたい」。心からそう思います。

この本の冒頭にもお伝えしたのですが、間違えや不適切なことも多々あったことと思いますが、実体験をもとに心を込めて書きましたので、どうかお許しくださいませ。

常に不完全ですが、この先もっともっと学んで、完全を目指して生きていこうと思います。

この本で一番伝えたかったことをひとつあげなさいと言われたら、このことですね。

「誰にでも、可能性がある」

一心合掌

久保華図八

久保華図八（くぼ かずや）

1961年生まれ。1975年美容業界に入る。1983年渡米、サンフランシスコ、ニューヨーク、ミラノ、パリなどで経験を積み、1989年 JESNA HAIR GROUP 設立。BAGZY NAKAMA オープン。1993年に（有）九州壹組（きゅうしゅういちぐみ）設立。1994年より各メーカー、グループのインストラクター・講師の養成を行う。

現在は、(株)九州壹組に改組。北九州市を拠点に美容室 BAGZY 6店舗、空海風花1店舗を経営するかたわら、大手企業や各種団体などで「繁栄の条件」「社員満足と顧客満足」「心の教育と経営」などの講演を行い活躍中。

2009年　サービス産業生産性協議会「ハイ・サービス日本300選」受賞

2013年　経済産業省「おもてなし経営企業選」選出

経法ビジネス新書　005

社員が輝くときお客さまの満足が生まれる

2015年2月15日初版第1刷発行
2015年4月21日初版第2刷発行

著　者	久保華図八
発行者	金子幸司
発行所	株式会社　経済法令研究会 〒162-8421　東京都新宿区市谷本村町 3-21 Tel　03-3267-4811 http://www.khk.co.jp/
企画・制作	経法ビジネス出版株式会社 Tel　03-3267-4897
カバーデザイン	株式会社 キュービスト
帯デザイン	佐藤 修
編集協力	株式会社 ビーケイシー
印刷所	あづま堂印刷 株式会社

乱丁・落丁はお取替えいたします。

ISBN978-4-7668-4804-5 C0234

経法ビジネス新書刊行にあたって

経済法令研究会は、主に金融機関に必要とされる業務知識に関する、書籍・雑誌の発刊、通信講座の開発および研修会ならびに銀行業務検定試験の全国一斉実施等を通じて、金融機関行職員の方々の業務知識向上に資するためのお手伝いをしてまいりました。

ところがその間、若者の活字離れが喧伝される中、ゆとり世代からさとり世代、さらには、ゆうとおり世代と称されるにいたり、価値観の多様化の名のもとに思考が停滞しているかの様相を呈する時代となりました。そこで、文字文化の息吹を絶やさないためにも、考える力を身につけて明日の夢につながる知恵を紡いでいくことが、出版人としての当社の使命と考え、経済法令研究会創業55周年を数えたのを機に、経法ビジネス新書を創刊することといたしました。読者のみなさまとともに考える道を歩んでまいりたいと存じます。

2014年9月

経法ビジネス出版株式会社